Memorandum
Geburtenrückgang

Memorandum Geburtenrückgang

Der Stachel in unserem Herzen:
Sozialisation, Isolation und der ‚Abschied vom Kind‘.
Was wir wissen müssen, wie wir handeln sollten.

Peter Kneitz

Bibliografische Information der Deutschen Nationalbibliothek:
Die Deutsche Nationalbibliothek verzeichnet diese Publikation in der Deutschen Nationalbibliografie; detaillierte bibliografische Daten sind im Internet über http://dnb.dnb.de abrufbar.

Herstellung und Verlag: BoD – Books on Demand, Norderstedt
ISBN: 978-3-7460-4288-6

INHALT

Abbildungen

Einleitung

Und wenn alles *doch* ganz anders wäre? Wenn es einen Grund gäbe, eine echte Erklärung zu dem gewaltigen, scheinbar schicksalshaften und unverrückbaren Vorgang des Geburtenrückgangs? Wenn sich hinter dem wie Unvermeidlichen ein klar erkennbarer Zusammenhang verbürge – und damit auch die Möglichkeit zum Eingriff, zur Veränderung?

Hinweise und Indizien zum ‚Abschied von Kind‘ und seinen Ursachen finden sich überall. Es genügt die Augen zu öffnen. Meine Frau, beispielsweise, hat einen großen, ja beeindruckenden Freundinnenkreis. Sie sind alle nett und sympathisch, aber sie haben im Laufe ihres Lebens in einem wichtigen Punkt ganz entgegengesetzte Entscheidungen getroffen: Von all diesen Freundinnen, mittlerweile weit über 40 Jahre alt, haben weniger als die Hälfte Kinder bekommen. Alle anderen sind kinderlos und werden es mit großer Wahrscheinlichkeit auch bleiben.

Jede dieser Frauen hat natürlich ihre ganz eigene, individuelle Geschichte. Ihre eigenen, höchst persönlichen Gründe, warum das so und nicht anders gekommen ist. Gleichzeitig sind sie aber, ohne dass sie es richtig wissen und zur Kenntnis nehmen, Teil einer großen, keineswegs individuellen, sondern mittlerweile weltumfassenden Dynamik, die nahezu alle Länder und Gesellschaften betrifft. Einer bereits jahrhundertelangen Entwicklung, die zunächst ganz langsam begann, jetzt aber auf breiter Front zu immer weniger Kinder führt. So müssten sich diese Frauen (und natürlich auch ihre Männer) nun eigentlich fragen, ob es wirklich ihre ureigenen Gründe waren, ihr höchst persönlicher Werdegang. Ob es wirklich ihre Entscheidung war. Oder ob da nicht ‚etwas‘ anders über sie entschieden hat, gewissermaßen heimlich und vielleicht sogar gegen ihren Willen. Was nur könnte das sein?

Die Zeichen stehen auf Sturm

In einer ganzen Reihe von Ländern stehen die Zeichen geradezu auf ‚Sturm': Seit vielen Jahren ersetzt die Zahl der neu geborenen Kinder nicht mehr die Zahl der Gestorbenen. Dieser Vorgang verläuft naturgemäß sehr langsam und eher unauffällig. Durch die erfreuliche Steigerung des durchschnittlichen Lebensalters, durch den größeren Wohlstand und häufig auch durch die Einwanderung wird die Sichtbarkeit dieses Vorgangs noch zusätzlich verzögert und erschwert. Gleichwohl ist die Entwicklung mittlerweile unübersehbar: In vielen, teils höchst unterschiedlichen Ländern wie in Polen, in der Ukraine, in Italien oder Japan, um nur einige besonders auffällige Vertreter dieser Entwicklung zu benennen, hat nach dem Geburten- nun auch ein Bevölkerungsrückgang eingesetzt. Auch Deutschland mit seiner mittlerweile über hundertjährigen Geschichte des Geburtenrückgangs wäre längst massiv betroffen, wenn nicht immer neue Einwanderungsbewegungen für ‚Ersatz' sorgen würden.[1]

Aller Voraussicht nach wird dieser Trend weitergehen, er wird sich verstärken, über Jahrzehnte hinaus, mit allen Konsequenzen, und er wird immer mehr Länder erfassen. Denn die jetzt von einem akuten Bevölkerungsrückgang betroffenen, meist westlichen oder fernöstlichen Länder sind mittlerweile doch nur die Avantgarde eines mittlerweile auf globaler Ebene zu beobachtenden Dynamik: In 180 von 186 Ländern, also nahezu überall, nimmt die Zahl der geborenen Kinder ab, so dass in der Folge die weltweite, durchschnittliche Geburtenrate bereits deutlich sinkt, wenn sie auch in einer Reihe von Ländern teilweise noch auf sehr hohem Niveau ist (United Nations 2013: ix). Dabei gilt es zu wissen: Kein Land, das vom ‚Virus' des Geburtenrückgangs ohne äußeren Anlass ‚infiziert' wurde, hat diese Entwicklung je aus eigener Kraft, ohne Hilfe von Einwanderern, verlassen. Die Geburtenraten sinken und sinken ab – und verharren schließlich auf einem niedrigen Niveau. Ohne dass wir verstehen, warum dies passiert.

Zugleich beginnt eine neuartige und einzigartige Dynamik der Konkurrenz: Während die wenigen starken, wohlhabenden Länder gut ausgebildete

---

[1] Zwar werden in Deutschland seit 2013 wieder deutlich mehr Kinder geboren. Tatsächlich tragen zu dieser Steigerung praktisch ausschließlich Mütter mit ausländischer Staatsangehörigkeit bei, also von Frauen aus Gesellschaften, in denen (noch) deutlich mehr Kinder geboren werden (spiegelonline.de, 28.03.2018). Der Blick auf absolute Kinderzahlen ist also trügerisch.

Arbeitskräfte anziehen, die die Lücken des Geburtenrückgangs quasi kostenfrei schließen, müssen die schwächeren Länder mit einer doppelten Abwärtsspirale von immer weniger Kindern und einer Abwanderung der mühsam erzogenen und ausgebildeten Generationen zurechtkommen.

Die Welt einer neuartigen und recht seltsamen Arbeitsteilung ist absehbar, ist bereits schon Wirklichkeit: Wenige, hocheffiziente und wohlhabende Länder sparen sich stillschweigend einen großen Teil der gewaltigen Mühen des Kinderbekommens und der Grundausbildung. Sie lagern diesen komplizierten und (scheinbar) mit den Zwängen einer funktionalen Gesellschaft nicht vereinbaren Teil des Lebens aus, widmen sich mit noch größerer Kraft der Wohlstandsmehrung, dem Erhalt ihres Systems. Wirtschaftlich weniger attraktiver Länder hingegen werden unfreiwillig zu einem preiswerten Reservoir von potentiellen Arbeitskräften gemacht, ohne dass sie in ausreichender Weise für Ersatz sorgen können. Der demographische, aber auch soziale und kulturelle Bestand dieser Verlierer-Gesellschaften ist durch diese Art des Wettbewerbs im Mark bedroht. Aber auch die Gewinner zahlen einen hohen Preis für das ‚outsourcen‘ der Geburten: Ihre Bevölkerung muss den Verlust der reproduktiven Fähigkeiten hinnehmen, muss einen einschneidenden Eingriff in ihre vitalen Lebensgrundlagen akzeptieren, muss die Erfahrung von Nähe und Familie in dramatischer Weise beschneiden. Kinder oder Wohlstand – das scheint die recht problematische Grundentscheidung zu sein, auf die alles hindrängt.

Ein Anlass zur Sorge

Dabei ist es natürlich unbestreitbar: Wenn auch die Geburtenzahlen deutlich zurückgehen, so wird die Weltbevölkerung durch die ‚Trägheit‘ der demographischen Entwicklung noch mehrere Jahrzehnte massiv weiterwachsen. Es besteht vorerst keineswegs Anlass über ein etwaiges Aussterben der Menschheit nachzudenken – eher im Gegenteil, es gilt alle Kraft darauf zu konzentrieren, die Folgen der steigenden Bevölkerungszahlen zu organisieren und unsere Erde zu bewahren. Die industrialisierten Länder, Ziel vieler Migranten, streiten sich angesichts dieser klar vorhersehbaren Entwicklung und wohl auch aus Angst vor Teilen der eigenen Bevölkerung bereits darüber, ob sie sich nicht noch mehr abschotten sollen, um den eigenen Wohlstand zu erhalten.

Dennoch: Der Vorgang des Geburtenrückgangs, unentschlüsselt wie er ist, gibt sehr wohl beträchtlichen Anlass zur Sorge. Zunächst einmal ist die Abkehr vom Kinde doch in deutlich ersichtlicher Weise keineswegs Ausdruck einer rationalen Entscheidung, sondern sie scheint sich wie eine neuartige Gesetzmäßigkeit zu vollziehen, ‚einfach so‘, ohne dass wir genau wissen warum. Nun sollte aber doch wohl oberste Priorität sein, einen derartigen Eingriff in die vitalen Grundlagen unseres Lebens zumindest zu verstehen. Wir müssen wissen, was hier passiert, was mit uns passiert, egal ob wir meinen, dass wir davon auf globaler Ebene profitieren (im Sinne einer Abschwächung des Bevölkerungswachstuns der Menschheit) oder ob wir diese Entwicklung für bedenklich halten. Sollte es nicht ‚normal‘ sein, die Veränderung eines grundlegenden Aspekts unseres Lebens wenigstens zu verstehen? So betrachtet ist es höchst seltsam, dass dieser so aktuelle und greifbare Vorgang kein öffentliches Interesse findet.

Darüber hinaus macht dieser Vorgang aus leicht verständlichen Gründen den gesellschaftlichen Akteuren und auch der Bevölkerung der am deutlichsten davon betroffenen Ländern Sorge. Es geht vordergründig um den Erhalt ihrer Sozialsysteme, um die Wirtschaftskraft, um die Dynamik und Vitalität, ja um die Zukunft ganzer Gesellschaften. Jenseits dieser konkreten Sorgen erzeugt dieser Vorgang des Geburten- und Bevölkerungsrückgangs zugleich tiefe, emotionale Ängste, die bislang nur zum Teil verbalisiert werden und deren tieferen Gründe nicht so einfach zu deuten sind. Was passiert denn da mit uns, so eine der eher naheliegenden Fragen dieser Kategorie, was passiert mit unserer Art zu leben, mit unserer Kultur? Wieso werden denn trotz historisch einmalig wohlhabender Zeiten immer weniger Kinder geboren? Ist es eine Lösung, wenn wir die zunehmend fehlenden Kinder durch einen immer größeren Anteil an Immigranten ersetzen, uns quasi, wie manche das formulieren, ‚austauschen‘, oder sollen wir lieber darauf setzen in einer Art *splendid isolation* zu warten, zu schrumpfen, wie Japan, und so unsere Zukunft zu verspielen? Ist der Abschied vom Kind als Alarmzeichen für einen dramatischen Wandel zu verstehen, ja letztlich vielleicht sogar für das Ende der Gesellschaft, wie wir sie kennen, oder sollen wir diesen Vorgang einfach als ‚Normalität‘ akzeptieren – und wenn ja, warum?

Und was, schließlich, hat das alles mit uns, mit mir zu tun, was passiert denn da mit uns, mit mir, da wir und ich doch unausweichlich Teil dieses Vorgangs sind? Dieser letzte Gedanke, kaum jemals konkret formuliert, aber sehr wohl spürbar, ist der dringendste und wichtigste, er ist der, von dem aus in Wahrheit die Ängste entspringen, und er ist der, so wird sich zeigen, der bis zu den wahren Gründen des Geburtenrückgangs hinabreicht. Von dem aber auch die Wucht zum Handeln entstehen kann: Wenn dieser Vorgang im Kern mich selbst betrifft, dann möchte ich auch alles tun, um ihn zu verstehen, um ihn zu verändern.

Der Geburtenrückgang als das größte Rätsel unserer Zeit

Wendet man sich jenseits solcher Sorgen nun dem Phänomen Geburtenrückgang direkt zu, so drängt sich eine bereits genannte Beobachtung auf. Das vielleicht erstaunlichste an diesem ganzen Trend gegen Kinder ist doch, recht betrachtet, noch nicht einmal die historisch so einzigartige Entwicklung des Geburtenrückgangs selbst. Sondern die Tatsache, dass es bislang nicht gelungen ist, ihn zu erklären. Eine triftige, nachvollziehbare Ursache zu finden. Denn letztlich, das wissen die Demographen trotz aller schöner Worten durchaus selber, sind die tieferen Ursachen dieses so widerspruchsvollen Vorgangs keineswegs verstanden (z.B. Cummins 2009: 4). Der Geburtenrückgang ist damit das größte reale Rätsel unserer Zeit.

Warum, also und vor allen Dingen, verstehen wir denn eigentlich diese Entwicklung nicht, warum sind wir dieser Dynamik wie hilflos ausgeliefert? Wie kann es ein, dass unsere so extrem hoch entwickelten Wissenschaftskultur, wie wir sie heute zur Verfügung haben, in Bezug auf den Geburtenrückgang keine echten Antworten zur Verfügung stellen konnte? Unmengen von Daten und Analysen wurden erarbeitet – aber eine echte Erklärung, eine Erklärung, die über die bisherige Zustandsbeschreibung bis in das letzte Detail hinein hinausgeht, gelingt einfach nicht.

Nur eine Seltsamkeit kann das mangelnde Ursachenverständnis für den so zentralen Vorgang des Geburtenrückgangs noch zu ‚toppen‘: dass wir ihn, trotz dieser Dramatik und der uns selbst betreffenden, existentiellen Dringlichkeit, mittlerweile wie achselzuckend akzeptieren. Diese Verständnis- und dann auch Interessenslücken sind auch deswegen so erstaunlich, weil die Entwicklung ja keineswegs neu ist, weil sie keineswegs unbeachtet ist und weil sie unweigerlich vitale Aspekte betrifft, die jeden von uns ganz unmittelbar angehen. Selbst wenn der Geburtenrückgang ‚normal‘ wäre, so müssten wir doch zumindest erklären können, warum eine der wichtigsten und intimsten Vorgänge unseres Lebens plötzlich heute so anders gehandhabt wird.

Dieses Paradox von akutem Handlungsbedarf, auf der einen, und fehlendem Interesse für eine der zentralen Gesellschaftsentwicklungen auf der anderen Seite ist übrigens, so wird sich noch zeigen, selbst ein versteckter Hinweis auf die tiefsten Gründe des Geburtenrückgangs. Denn der Vorgang unterliegt offenbar Bedingungen, die eine analytische Beweisaufnahme systematisch unterlaufen. Es ist ein ‚subversiver‘ Prozess, der bereits die Möglichkeit einer richtigen Problematisierung, eines Gewahrwerdens der tieferen Ursachen, unterläuft, und zwar in so erfolgreicher Weise, dass wir ihm relativ hilflos ausgeliefert sind – obwohl er vor aller Augen, in aller Öffentlichkeit und für jedermann ersichtlich abläuft.

Der beste Beweis für das fehlende Ursachenverständnis ist die Reaktion der Entscheider, also der Politiker: Bis heute und schon seit Jahrzehnten wird versucht (wenn auch mittlerweile eher versteckt), durch einfache Apelle, durch eine bessere Infrastruktur der Kinderbetreuung und vor allem durch mehr Geld die Bevölkerung zu mehr Kindern zu bewegen. Dies aber in schönster Regelmäßigkeit mit keinem oder höchst mäßigen Erfolg. Wobei doch auch die Entscheider und ihre Ratgeber ganz normale Menschen sind. Sollten sie in sich hineinhorchen, dass müssten sie an ihren eigenen Reaktionen merken, dass derartige ‚Anreize‘ keineswegs zentrale Kriterien bei der Entscheidung für oder gegen Kinder sein können. Die Ursachen für den Geburtenrückgang müssen andere sein als derartig ‚rationale‘ Beweggründe. Es ist eine ganz andere Logik und Rationalität im Hintergrund zu erwarten. Aber mehr als derlei naive Maßnahmen fällt ihnen, alleingelassen von der Wissenschaft, offenbar nicht ein.

Ungeahnte Zusammenhänge, neue Möglichkeiten des Handelns

Der Anspruch dieses Memorandums ist der eines explorativen, problemgeleiteten, kritischen Essais, eines dringend notwendigen Ideengebers für die Zukunft, auf der Basis vorhandener Informationen und einer völlig neuen Perspektive. Es geht hier, in diesem Memorandum, um etwas, was viel zu selten versucht wird: Die enorme Masse des heute verfügbaren Wissens zu nutzen, zu bändigen, und, durch eine grundlegend neue Beobachtung angeregt, in neuartiger Weise zu verbinden. Um den Geburtenrückgang zu verstehen wird es notwendig sein, so wird sich gleich zeigen, weit über die Demographie hinaus auf Erkenntnisse der Entwicklungs-, Gehirn und Verhaltensforschung zurückzugreifen und diese mit ethnologischen und historischen Daten aus den letzten 5.000 Jahren zu verknüpfen.

Das Memorandum basiert damit auch nicht auf einer eigenen empirischen Untersuchung, sondern auf bereits zugänglichen Daten – und möchte zugleich neue Untersuchungen anregen, welche die hier aufgedeckten, ungeahnten Zusammenhängen vertiefen und weiter bestätigen mögen. Im Übrigen ist Empirik ja keineswegs alles: Auch die empirische Wissenschaft kann nur etwas leisten, wenn Ideen und Inspiration da sind, wenn man eine Ahnung hat, wo man suchen muss. Sonst irrt auch sie nur blind umher. So werden Sie in diesem Buch auch nichts von all den Statistiken und Tabellen finden, die sonst derartige gesellschaftspolitische Analysen füllen und manches Mal nur einen scheinwissenschaftlichen Anstrich geben. Ich hoffe, Sie werden sie nicht vermissen. Um die Wurzeln des Geburtenrückgangs zu erfassen, ist es keineswegs notwendig, sich von Zahlenwissen ‚totschlagen‘ zu lassen, Scheinbeweise in die eine oder andere Richtung vorzulegen. Die Ursache, um die es hier gehen wird, kann man sich auf einer ganz anderen Weise annähern. Es gilt, auf dem Hintergrund der ja für jeden Menschen ersichtlichen großen Entwicklung, den Kopf frei zu bekommen für eine ganz neue Sicht der Dinge, für das Wagnis, das Vertraute einmal neu zu sehen.

Vor allen Dingen aber möchte diese Schrift Ratgeber sein, ein praktischer Ratgeber, der sich zunächst und vor allem an die Verantwortlichen der von dem Geburten- und Geburtenrückgang betroffenen Länder richtet, aber auch an jeden Einzelnen. Es geht um unsere individuelle Zukunft und es geht um unsere gesellschaftliche Zukunft. Das Memorandum möchte und kann hier Hoffnung geben: Es gibt – natürlich! – präzise benennbare Ursachen für diese Entwicklung. Wir sind keineswegs einem unabänderlichen Schicksal ausgesetzt, gar einem Naturgesetz. Sondern wir selbst – wer sonst? – haben in einer noch zu ergründenden Weise in unser eigenes Verhaltensrepertoire eingegriffen. Wir selbst – wer sonst? – haben eine sich selbst verstärkende Entwicklung heraufbeschworen, einen Sturm, den wir aber auch wieder bändigen können. Wir sind, so wird zu zeigen sein, ein wenig wie der berühmte Zauberlehrling von Goethe: Wir haben Kräfte geweckt, die wir nicht verstehen, die wir nicht mehr bändigen können, so dass uns alles, unsere ganze Welt, zu entgleiten scheint.

Aber wir haben auch die Möglichkeit, den Dingen auf die Spur zu kommen und neue Wege einzuschlagen. Wir müssen uns nur gestatten, auch außerhalb der etablierten Ideen zu suchen, uns nur erlauben, eine neue Perspektive einzunehmen, um dann an einem Ort fündig zu werden, der ebenso naheliegend wie verborgen ist: In unserer eigenen, individuellen Entwicklung, in uns selbst. In einer Sozialisation, die uns jenen ‚Stachel‘ in unsere Herzen einpflanzt, der uns in eine neue Richtung treibt – und verantwortlich ist für den ‚Abschied vom Kind‘. Somit will dieses Memorandum all denen Hoffnung geben, die die Problematik des Geburtenrückgangs nicht ruhen lässt.

Angesichts der Dramatik der Entwicklung und ihrer existentiellen Bedeutung ist keine Zeit zu verlieren. Es gilt, den Dingen mit Macht und unter Aufbietung aller Anstrengung auf den Grund zu gehen, auch um den Preis, dass manche ausgetretenen Denkpfade zu verlassen sind. Und es gilt, aus dem dann neu erlangten Verständnis möglichst klar nachvollziehbare Entscheidungs- und Handlungsratschläge abzuleiten. Denn diese Schrift hier ist zunächst und vor allem Dingen als Praxisbuch für Praktiker angelegt, nicht als theoretische Abhandlung. Entsprechend eindeutig ist die Struktur dieses Ratgebers: Im ersten Hauptteil geht es um die Ursachen des Geburten- und Bevölkerungsrückgangs. Im zweiten Hauptteil werden aus den benannten Zusammenhängen die konsequenten Folgerungen oder Weichenstellungen für unser zukünftiges gesellschaftliches und politisches Handeln herausgearbeitet.

Über den Geburtenrückgang hinaus: Eine Warnung an den Leser

Eines muss noch vorausgeschickt werden, auch auf die Gefahr hin, dass es zu früh ist: Die im Laufe des Buches – und auf der Grundlage einer früheren Publikation (Kneitz 2009) – erarbeiteten Erkenntnisse über die Ursachen des Geburtenrückgangs weisen weit über den primären Anspruch einer rein auf die demographische Dynamik beschränkten Analyse oder Diagnose hinaus. Oder man will oder nicht, es wird nicht gelingen, den Geburtenrückgang nur aus demographischer Perspektive zu betrachten und dann, als etwas Eigenes, Abgeschottetes, als etwas, das nicht mit der Gesellschaft und uns Einzelpersonen in Verbindung steht, zu behandeln und zu ändern.

Das allmählich ausgearbeitete Ursachengefüge für den Geburtenrückgang in dieser Schrift beruht auf Zusammenhänge, die uns Menschen in existentieller

Weise betreffen, in unserer Gesamtkonstitution, in unserer Persönlichkeit – und
so übersteigen denn auch die Folgen dieses Eingriffs den demographischen Rahmen. Die später entwickelten Ursachen des Geburtenrückgangs, für die das Bild
des Stachels im Herzen keineswegs übertrieben erscheint, betreffen also nicht
nur diesen, sondern weisen weit darüber hinaus, betreffen die Individuen und
die von ihnen aus konstruierten Gesellschaften in vielfältiger Weise. Umgekehrt, so lässt sich voraussagen, werden sich dann auch die Ratschläge und Gegenmaßnahmen nicht nur punktuell auf die Geburtenentwicklung auswirken,
nicht nur das Wiedergewinnen der individuellen Entscheidungsfreiheit über die
eigene Fertilität bedeuten, sondern werden uns insgesamt betreffen: als Individuum und als Gesellschaft. Sie berühren mit großer Wahrscheinlichkeit letztlich
sogar die tiefsten Grundlagen bereits lang ablaufender sozio-kultureller Prozesse und speziell die immer noch an Schnelligkeit zunehmende Modernisie-
rungsdynamik.

So sei der Leser gewarnt: Wer bereit ist, die Dynamik des Geburtenrückgangs in der hier vorgeschlagenen Weise zu verändern, wer bereit ist, sich auf
die hier ausgearbeiteten Zusammenhänge einzulassen, wer den nagenden Stachel in uns entfernen will, wird unausweichlich weit über dieses Problem hinaus
Einfluss auf die Metabedingungen der heutigen kulturellen Dynamik nehmen.
Und unausweichlich auf einige der tiefsten Bedingungen der eigenen Entwicklung.

I

Der Abschied vom Kind:
Die Ursachen des Geburten- und Bevölkerungsrückgangs

Die Aufgabe dieses ersten Hauptteils besteht darin, klar benennbare Ursachen des Geburten- und Bevölkerungsrückgangs herauszuarbeiten. Erst auf der Basis eines wirklichen Ursachenverständnisses, einer echten Diagnose, kann auch eine ernsthafte, zukunftsweisende gesellschaftspolitische Diskussion und Auseinandersetzung über mögliche Veränderungen beginnen. Ganz im Gegensatz zur heutigen Situation, in der wir zwischen einem scheinbar rationalen, kühlen und technokratischen Abarbeiten des demographischen Wandels und einem emotionalen Aufbegehren schwanken, ohne zu versuchen, an die wirkliche Wurzel des Problems vorzudringen.

Die Ausgangsfrage ist eindeutig: Was bringt uns Menschen denn immer öfter dazu, weniger oder sogar gar keine Kinder zu bekommen, als Ergebnis einer seit langem Zeit an Fahrt aufnehmenden Entwicklung des Geburtenrückgangs, und trotz einer historisch einmaligen Situation von Wohlstand und Sicherheit? Was nur können die Gründe für diesen einmaligen und seltsamen Vorgang sein?

Die bisherigen Antwortversuche haben zu keinem wirklich befriedigenden Ergebnis geführt. Die genaue Umkehrung des früher üblichen Verhaltens – also die moderne Entscheidung gegen Kinder trotz überragend guter Lebensbedingungen – lässt sich trotz aller Bemühungen bislang nicht in grundlegender Weise verstehen. Weder sind besondere äußere Ursachen erkennbar, wie Hungersnöte oder Krankheiten, noch sind die Hinweise auf die angebliche ‚Logik des Wohlstandes‘ ausreichend. Die Behauptung, dass wir heute keine Kinder mehr bekommen, weil wir uns angeblich auf die Sozialversicherungssysteme verlassen können, ist doch in Wahrheit ein Ammenmärchen, erfunden von

Wissenschaftlern, die offenbar keine Ahnung von den mannigfachen Herausforderungen der Kindererziehung hatten. Die Gründe, Kinder zu bekommen, lassen sich niemals auf kühle wirtschaftliche Rationalität reduzieren. Denn wenn es so wäre, dann hätten sich unsere Vorfahren im Rahmen ihrer häufig äußerst schwierigen Lebensumständen ‚vernünftigerweise' doch schon immer gegen die beträchtlichen Mühen und Gefahren des Kinderbekommens und -erziehens entscheiden müssen – und wir wären nie entstanden. Immer bleibt eine Erklärungslücke, bleiben Widersprüche, versucht man sie auch noch so sehr mit rationalen – aber letztlich nur *scheinbar* oder vordergründig rationalen – Argumenten ‚zuzukleistern'.

Eine derartige ‚vertrackte' Situation, in der jede logische Erklärung verbaut zu sein scheint, löst man nach aller Erfahrung damit, dass man neue, bislang unbeachtet gebliebene Betrachtungsweisen sucht. Wenn die Sonne nicht um die Erde kreisen kann, wie wäre es dann, wenn man – zumindest versuchsweise – die Erde um die Sonne kreisen lässt?

Das folgende, erste Kapitel ist genau dieser Suche nach einer völlig neuartigen Perspektive gewidmet. Der Beantwortung der oben genannten, alles entscheidenden Frage nach den Gründen für die Abkehr vom Kinde nähert man sich genau dann an, soviel kann bereits verraten werden, wenn man nicht sofort vordergründigen Verdachtsmomenten nachgeht, nicht sofort, aus einem angeblichen Vorwissen heraus, sofort Antworten auf die Frage gibt, warum es denn weniger Kinder gäbe. Sondern wenn man erst einmal in grundsätzlicher und umgekehrter Weise überlegt, was, eigentlich, uns Menschen veranlasst, Kinder zu bekommen. Nicht im Sinne einer rationalen Entscheidung unseres Alltaglebens, sondern *überhaupt* und in grundsätzlicher Weise. Diese Fragevariante zielt auf unsere Daseinsform als Lebewesen und auf grundlegende Prinzipien von Leben ab.

Einmal gestellt wird diese Frage es erlauben, eine völlig neuartige, zunächst nur theoretische Möglichkeit für den Geburtenrückgang zu formulieren. Eine Möglichkeit, die sich durch überraschende Beobachtungen und Indikatoren mehr und mehr zu einem harten, realen Befund erhärten wird. So wird es gelingen, sich aus den Zwängen herkömmlicher Argumentationen zu befreien und eine völlig neue, ebenso faszinierende wie letztlich einfache Sichtweise zu formulieren.

Die Spurensuche, die sich in den folgenden Kapiteln von dieser Überlegung aus eröffnen wird, führt nach und nach zu dieser, überaus überraschenden Einsicht: Die Abkehr vom Kinde, so kann vorweggenommen werden, erfolgt durchaus *gegen* unseren Willen. Sie ist das das Resultat einer neuartigen und gravierenden Veränderung tiefliegender Verhaltensanteile, jener Anteile, die die Wurzeln unseres Daseins als Lebewesen ausmachen. Sie ist das Resultat einer neuartigen, allmählich alltäglich gewordenen Entwicklungsbedingung, die unser Leben in seinen Grundfesten erschüttert. Und dies, so wird zu zeigen sein, über einen eigentlich ganz simplen, banalen und für jedermann sichtbaren Weg: den der Sozialisation.

Das Deutungsmuster, das hier bereits am Horizont sichtbar wird, erlaubt es, den Abschied vom Kind in folgender Weise erklären: Die bereits viele Jahrhunderte andauernde Geschichte des Geburtenrückgangs von einem lokalen zu einem globalen Phänomen lässt sich als Resultat einer immer weiter um sich greifenden, sich selbst verstärkenden historischen und nun global gewordenen Neugestaltung unserer Sozialisationspraxis erklären, als Resultat eines überaus dramatischen Bruchs mit unseren angestammten Entwicklungsbedingungen. Einer überaus gewaltigen Veränderung der Art und Weise, wie wir die Grundlagen unserer Persönlichkeit gestalten – wenn sie auch für den einzelnen Menschen in seinem vergleichsweise kurzen Lebensverlauf kaum erkennbar ist und sie sich deshalb weitgehend stillschweigend durchgesetzt hat. Oder anders, als kurze These formuliert: Es besteht ein scheinbar seltsamer, in Wahrheit überaus logischer Zusammenhang von Sozialisation, Isolation und dem daraus resultierenden ‚Abschied vom Kind‘.

Die historischen Demographen haben den zweiten Teil dieses Zusammenhangs, also die allmähliche, jahrhundertelange Entwicklung des Geburtenrückgangs, in mühsamer Arbeit erkannt und nachvollziehbar gemacht (Coale und Watkins 1986, Dittgen 1996, Jones and Tertilt 2006, Cummins 2009): Wie der Geburtenrückgang ohne besonderen Grund im ausgehenden Mittelalter unter ausgewählten europäischen Bevölkerungsgruppen wie beispielsweise Adeligen in Süd- und Westeuropa erstmals nachweisbar wurde, wie sich dieser Trend gegen Kinder dann auf Länderebene zuerst in Frankreich ab ca. 1750 manifestierte, wie sich dann, ähnlich einer Epidemie, immer neue Länder ‚anzustecken‘ begannen, wie die ‚Krankheit‘ auf immer neue Kontinente übergriff, bis hin zum heutigen globalen, immer schnelleren Rückgang der Geburtenzahlen in immer mehr Ländern. Im Laufe der Zeit ist so aus einem höchst speziellen Problem einzelner Bevölkerungsgruppen ein französisches, dann westeuropäisches, dann europäisches, fernöstliches und schließlich globales Phänomen geworden – wie gesagt, in 180 von 186 Ländern gehen derzeit die Geburtenzahlen zurück oder verharren bereits seit langer Zeit auf niedrigem Niveau.

Der erste und entscheidende Teil des prognostizierten Zusammenhangs hingegen, die Einsicht in die kausalen Ursachen, verharrt im Dunkeln. Sie offenbart sich nur, wenn man es wagt, über das sichtbare demographische Phänomen hinaus zu fragen, im festen Vertrauen darauf, dass sich hinter dem ‚Naturgesetz‘ einer scheinbar unerbittlich voranschreitenden Entwicklung eine ‚hausgemachte‘, von uns Menschen selbst erzeugte und tief in uns verankerte Problematik verbergen muss. Die Aufgabe des folgenden Hauptteils wird es sein, diesem Verdacht nachzugehen und uns auf eine ungemein spannende Entdeckungsreise hin zu den stillen, gut verborgenen Ursachen des Geburtenrückgangs mitzunehmen.

Kapitel 1: Das Prinzip ‚Leben'

Wenn Demographen und Politiker über den Geburtenrückgang reden, dann gehen sie in aller Regelmäßigkeit davon aus, dass hier erwachsene Menschen erwachsene, rationale Entscheidungen treffen. Und so kommen sie dann in der Folge regelmäßig auf den Gedanken, die rationale Entscheidungsfindung zugunsten von Kindern durch Geldgeschenke und strukturelle Maßnahmen wie eine bessere Kinderbetreuung zu fördern. Schon an dem weitgehenden Misserfolg dieser Instrumente sieht man allerdings, dass eine derartige Sichtweise offenbar nicht ausreicht. Dass sie nur scheinbar vernünftig ist – aber die Abkehr vom Kind nicht erklären kann. Dass der Appell an eine vernünftige Erwachsenenlogik mit aller Regelmäßigkeit auf taube Ohren fällt, da, so muss wohl vermutet werden, das Verhalten letztlich auf anderen Ursachen basiert. Vielleicht weniger leicht erkennbar, aber weit mächtiger. Wie nur könnte eine derartige Logik, ein derartig ‚geheimer' Ursachenzusammenhang beschaffen sein?

Gibt man einem derartigen kritischen Denken für einen Moment Raum, sucht man jenseits der vorhandenen Antworten nach einer Lösung, so drängen sich andere, grundsätzliche Fragen auf: Was ist eigentlich Fertilität, woher kommt sie und wie genau ist sie in uns verankert? Und lassen sich auf dieser fundamentalen Ebene unseres Seins vielleicht Antworten auf die gravierende Verhaltensänderung in Bezug auf eigene Kinder, in Bezug auf den Umgang mit unserer eigenen Fruchtbarkeit finden?

Folgt man diesen Fragen, so ergibt sich recht unschwer die folgende Erkenntnis: Unsere Möglichkeit für Kinder ist doch keineswegs eine beliebige, eine banale Option. Sie unterscheidet sich grundsätzlich von unseren rationalen Entscheidungen im Alltag, von unserem Tagesplan, von all den wirtschaftlichen oder emotionalen Abwägungen, die unser Leben begleiten, über den Nutzen eines Autokaufs beispielsweise oder der Entscheidung über diese oder jene Reise. Die Fähigkeit Nachwuchs zu bekommen gehört vielmehr als ein substantieller, existentieller Bestandteil unseres Lebens zu uns. Es ist eine Kategorie, die im

Grundsatz eher mit unseren elementaren Ansprüchen an Atmen, Essen und Trinken vergleichbar ist. Sie ist uns ‚einfach‘ mitgegeben, sie ist gegebener Teil unserer Existenz, unseres Wesens und damit nicht in freier Weise verhandelbar.

Wir werden in aller Regel als Mann oder Frau geboren (Sonderfälle einmal abgesehen). Wir sind in ganz selbstverständlicher Weise sexuelle Wesen, wir sind unweigerlich darauf angelegt, Kinder zu bekommen, ob wir wollen oder nicht. Und es kann ja auch gar nicht anders sein: Denn wir sind Lebewesen, wir sind Organismen. Die Fähigkeit zur Reproduktion ist eine der wesentlichen Kennzeichen für das Prinzip ‚Leben‘ und ist auch uns unzweifelhaft von Geburt an, genauer: vom Zeitpunkt unserer Zeugung, als wesentlicher Bestandteil unseres Daseins, mitgegeben. Leben will unweigerlich Leben hervorbringen, denn sonst geht es zugrunde.

Damit soll übrigens keineswegs bestritten werden, dass wir Menschen aufgrund einer angeblich ‚natürlichen Notwendigkeit‘ etwa nicht in der Lage wären, zum Thema Nachwuchs bewusste Entscheidungen zu treffen. Natürlich und sehr erfreulicherweise können wir dies. Wir sind sogar ganz offenkundig in der Lage, uns gezielt und bewusst auch *gegen* eigenen Nachwuchs zu entscheiden – vermutlich ein ziemlich einmaliges Sonderverhalten unter allen Lebewesen. Selbstverständlich können wir auch das. Aber es muss doch sehr wohl stutzig machen, auf dem Hintergrund unserer derartig fundamentalen, auf eigenen Nachwuchs angelegten Konstitution, wenn immer mehr Menschen nicht nur weniger, sondern sogar häufig gar keine Kinder mehr bekommen. Wenn Kinder zu bekommen für viele Menschen geradezu ein schwieriges Problem geworden ist, ein komplexes Vorhaben. Auch im Namen einer angeblichen ‚Freiheit menschlichen Verhaltens‘ bleibt eine derartige Entwicklung unverständlich. Es kommt ja auch niemand auf den Gedanken, Essen, Trinken oder Atem holen vollständig einzustellen.

Wie, so muss daher gefragt werden, kann ein derartig und auf tiefster Ebene angelegter ‚Drang‘ oder ‚Trieb‘, um einmal diese vermutlich heute altertümlichen und nicht mehr besonders korrekten Begriffe zu benutzen, einfach so *ad acta* gelegt werden? Wie lässt sich das Paradox erklären, dass wir menschlichen Lebewesen uns ohne besonderen äußeren Zwang und unter hervorragenden Rahmenbedingungen gegen das Prinzip ‚Leben‘ entscheiden? Wollen wir, so kann zugespitzt gefragt werden, etwa gar nicht mehr – leben?

Dabei lässt aufhorchen, dass sich die allermeisten Menschen in Wahrheit keineswegs gezielt gegen eigene Kinder entscheiden. Fast alle Personen äußern sich, zumindest in manchen Lebensphasen, sehr wohl positiv zum Gedanken, eigene Kinder zu haben. Sie scheinen damit durchaus im Einklang mit der oben skizzierten Feststellung von Fertilität als elementarer Bestandteil menschlichen Lebens. In den meisten Fällen passiert es vielmehr ‚einfach‘: Mal ist nicht der richtige Partner da, mal steht die berufliche Ausbildung oder die Karriere im Vordergrund, mal sind die finanziellen Möglichkeiten nicht so, wie man es sich vorstellt – und irgendwann ist es einfach zu spät. Aber derartige Beobachtungen reichen nicht, denn sie führen doch unvermeidlich wieder zur schon gestellten Frage: Warum ist das heute, unter historisch einmalig günstigen, sicheren, wohlhabenden Zeiten so? Woher kommt diese plötzliche Gleichgültigkeit?

Ich weiß, man erklärt das heute in der Regel mit den komplexen Anforderungen des modernen Lebens, der längeren Ausbildung, dem späteren Heiratsalter. Aber auch das ist keine wirkliche Antwort, weil sich wiederum sofort die mehrfach genannte, quälende Gegenfrage aufdrängt: Warum haben umgekehrt in früheren Epochen, die in der Regel doch sehr viel schwierigere Lebensumstände bereithielten, Menschen – gleichsam gegen alle Vernunft – überhaupt Kinder bekommen? Die heutigen subjektiv als ‚schwierig‘ empfundenen Lebensumstände sind in Wahrheit doch Luxus pur, was Stabilität und Wohlstand anbelangt. Eigentlich hätten sich Menschen vernünftigerweise früher gegen Kinder entscheiden müssen, nicht erst heute. Schon unsere Vorfahren hätten so denken müssen – und wir, wir wären dann nie entstanden. Rationale Überlegungen und erwachsene Entscheidungen reichen nicht aus, es zeigt sich wieder und wieder, um die Widersprüche der modernen ‚Abkehr vom Kind‘ zu erklären.

Geht man jedoch erneut auf die genannte grundsätzliche Ebene unserer Fruchtbarkeit zurück, so ergibt sich eine neue, zunächst völlig abstrakte und theoretische Möglichkeit der Erklärung: Ist vielleicht die Abkehr vom Kinde gar kein bewusstes, kein rational-erwachsenes Verhalten? Lassen sich die Widersprüchlichkeiten dieses neuartigen und plötzlich ‚wie wild‘ um sich greifenden Geburtenrückgangs nicht besser damit erklären, dass sich auf einer sehr tiefen Ebene unseres Verhaltens, unserer Entwicklung, Veränderungen ergeben haben – eben auf der grundsätzlichen Ebene unserer mitgegebenen Fertilität, von Fruchtbarkeit als Teil unseres Daseins? Veränderungen, die unser ‚Prinzip Leben‘ beeinträchtigen, uns gleichsam gegen unseren Willen, unfreiwillig, dazu drängen, dass wir uns lieber mit vielen anderen Dingen zu beschäftigen, aber eigene Kinder als nachrangig betrachten? Existiert vielleicht eine neuartige Bedingung, die uns gleichsam neu ausrichtet? Kann es sein, dass unsere scheinbar rationale Entscheidung gegen Kinder, oder vermutlich besser: unsere seltsame Gleichgültigkeit gegenüber der Möglichkeit eigener Kinder, aus einer viel tieferen Wurzel unserer Konstitution heraus entsteht, dass sie uns unbemerkt, durchaus gegen unseren Willen, auferlegt wird, als Folge einer neuartigen Entwicklung, einer neuartigen Ausrichtung unserer Persönlichkeit?

Diese Idee, dieser Gedankenanstoß, mag auf dem Hintergrund unserer dominanten Tendenz, uns als ein rein rationales, alleine von bewussten Gedanken und vernünftigen Entscheidungen geleitetes Wesen zu begreifen, auf dem ersten Blick als höchst seltsam anmuten. Dabei ist in den letzten Jahrzehnten der Entwicklungsforschung doch längst klargeworden, dass das intellektuelle Entscheidungsverhalten nur einen Teil unsers Verhaltens erklären kann. Dass es bei genauerer Betrachtung sogar höchst naiv wäre, uns nur so zu verstehen.

Wir verfügen vielmehr über eine Vielzahl von Verhaltens- und Reaktionsebenen, wobei die *jeweilige*, von den gegebenen Umstä nden abhängige physische Entwicklung unseres Gehirns, unserer Nerven und aller zugehörigen Strukturen die Basis für unsere Persönlichkeit, für unser Denken und auch und gerade für unsere Gefühle darstellen. Der Entwicklungsprozess, insbesondere in unseren ersten Lebensmonaten und -jahren, so hat sich doch mittlerweile gezeigt, formt die tiefsten, elementaren Strukturen unseres Körpers, er formt unser Gehirn, unser Nervensystem, unsere Hormonregulation und vieles anderes mehr. Zugleich, und auf diesen speziellen, einmaligen physischen Elementen aufbauend, entsteht unsere einzigartige Persönlichkeit, unsere Emotionen und unser Denken, also alles, was wir fühlen, was wir denken, was wir begreifen können – und was nicht. Insoweit ist die Möglichkeit einer Störung grundsätzlicher Aspekte unserer Entwicklung nur folgerichtig.

Ein einzigartiges, bereits mehrere Jahrzehnte altes Experiment unterstützt nun genau die oben angedachte Theorie oder Hypothese. Das folgende Kapitel wird es ausgehend von diesem Experiment erlauben, erste genauere Vorstellungen von den Ursachen des Geburtenrückgangs zu bekommen. Und mehr: Es offeriert ein grundsätzliches, anschauliches Modell zum Verständnis unseres befremdlichen Abschieds vom Prinzip ‚Leben'.

Kapitel 2: Harry Harlow und sein Isolationsexperiment

Vor rund sechzig Jahren haben der amerikanische Verhaltensforscher Harry Harlow und sein Team eine Reihe aufsehenerregender Experimente durchgeführt. Sie isolierten in den 1950er Jahren kleine Rhesusaffen unmittelbar nach ihrer Geburt und ließen sie dann alleine aufwachsen. Den kleinen Tieren ging es äußerlich gesehen gut: Sie wurden ausreichend versorgt, sie bekamen genügend zu Essen und zu Trinken, sie waren vor Unwettern gut geschützt – sie mussten ‚nur‘ aufwachsen, allerdings ganz alleine, ohne soziale Kontakte. Nach mehreren Monaten hat man sie dann aus ihrer Isolation erlöst und in Gruppen ‚normal‘, also gesellig, aufgewachsener Rhesusaffen integriert (so eine von vielen verschiedenen Varianten des Experimentes, Abb. 1 und 2).

Unter den vielen faszinierenden Beobachtungen und Ergebnissen der Forschergruppe (Harlow 1959, Harlow und Harlow 1962, Überblick: Immelmann *et al.* 1988: 174-175) über das Verhalten der so isolierten Rhesusaffen gab es auch einige, von Harlow und anderen Forschern allerdings kaum beachtet, die für die Entschlüsselung des Rätsels des Geburtenrückgangs von höchstem Interesse sein werden. Sie geben nämlich wertvolle Hinweise, in welche ganz andere, völlig neuartige Richtung man bei der Suche nach dessen Ursachen gehen kann. Insbesondere erlauben sie zu erkennen: Tiefste, scheinbar unveränderliche Verhaltenselemente, eben auch gerade in Bezug auf den Nachwuchswunsch, sind sehr wohl manipulierbar – und dies ohne jeden direkten physischen Eingriff.

Ein Blick auf die Experimente lohnt sich also. In den Käfigen, so eine zentrale Variante, waren zwei Drahtpuppen angebracht. In einem gleichsam ‚nackten‘ Gestell, rudimentär aus einem Draht geformt, war ein Milchspender untergebracht. Als sozusagen ‚kaltes‘ Elternteil übernahm diese Puppe die lebensrettende Nahrungsfunktion. Einem benachbarten Drahtgestell hatte man hingegen ein weiches Fell überzogen und mit einem deutlich erkennbaren Gesicht ausgestattet. Diese Puppe bot also eine wärmende ‚Kuschelecke‘ an und zugleich eine

Möglichkeit der rudimentären sozialen ‚Interaktion' – jedoch keine Nahrung. Die beiden Puppen stellten gewisser Weise auf das Elementarste beschränkte Elternfunktionen dar: Ernährung und Wärme.

Von außen gesehen geschah – natürlich und gezwungenermaßen – zunächst recht wenig. Die Tiere saßen in ihren Käfigen und ‚langweilten' sich schlicht und einfach. Relativ schnell entwickelten sie dann in Bezug auf die zwei Puppen deutlich erkennbare Präferenzen: Die Affenkinder bevorzugten eindeutig die ‚weiche' oder ‚warme' Attrappe und holten sich ihre Nahrung nur rasch, in erkennbarer Eile, von der ungeliebten ‚kalten' Attrappe – obwohl diese doch die entscheidende Ernährungsfunktion hatte. Diese Präferenz konnte als ein erster Hinweis verstanden werden, dass für Affenbabys die emotional-soziale Seite der Eltern enorm wichtig sein muss, während die doch zentrale Erfüllung physischer Notwendigkeiten durch die benachbarte ‚kalte' Drahtpuppe keine besondere Anhänglichkeit auslöste (Abb. 1).

Diese Erkenntnis mag heute selbstverständlich sein, war aber damals eine wichtige Errungenschaft. Viele Menschen betrachteten in jener Epoche die Säuglingsphase nur als eine wenig attraktive Übergangszeit. Solange Nahrung und medizinische Versorgung bereitgestellt war, so die Überlegung, war das Entscheidende getan. Man sah im Grunde Babys wie Maschinen, die erst allmählich zu Menschen würden. Es genügte, so glaubte man, sie ‚abzufüttern' und peinlich genau auf hygienische Sauberkeit zu achten – dann würde schon alles gut werden. Gerade in dem Jahrhundert des industriell-wissenschaftlichen Fortschritts zwischen 1850 und 1950 wurden denn auch Säuglinge durchaus häufig nach Maßgabe dieser Erkenntnis, also ganz ähnlich wie die Rhesusaffen von Harlow, gehalten, insbesondere in Institutionen wie Krankenhäusern oder Heimen, aber häufig auch in Familien, wie noch zu sehen sein wird.

Hinter dem in der Abbildung 1 von Harry Harlow festgehaltenen Moment steht damit ein Vorgang größter Dramatik: Soziale Interaktion, Geborgenheit und Nähe sind für das Affenbaby offenbar von derartig großer Bedeutung, dass selbst so unbedeutsame und gleichsam lächerliche Requisiten wie ein gemaltes Gesicht und ein wenig Fell bereits den Ausschlag für seine Präferenz geben. Alles in dem kleinen Tier verlangt offenbar nach Interaktion, nach Geborgenheit

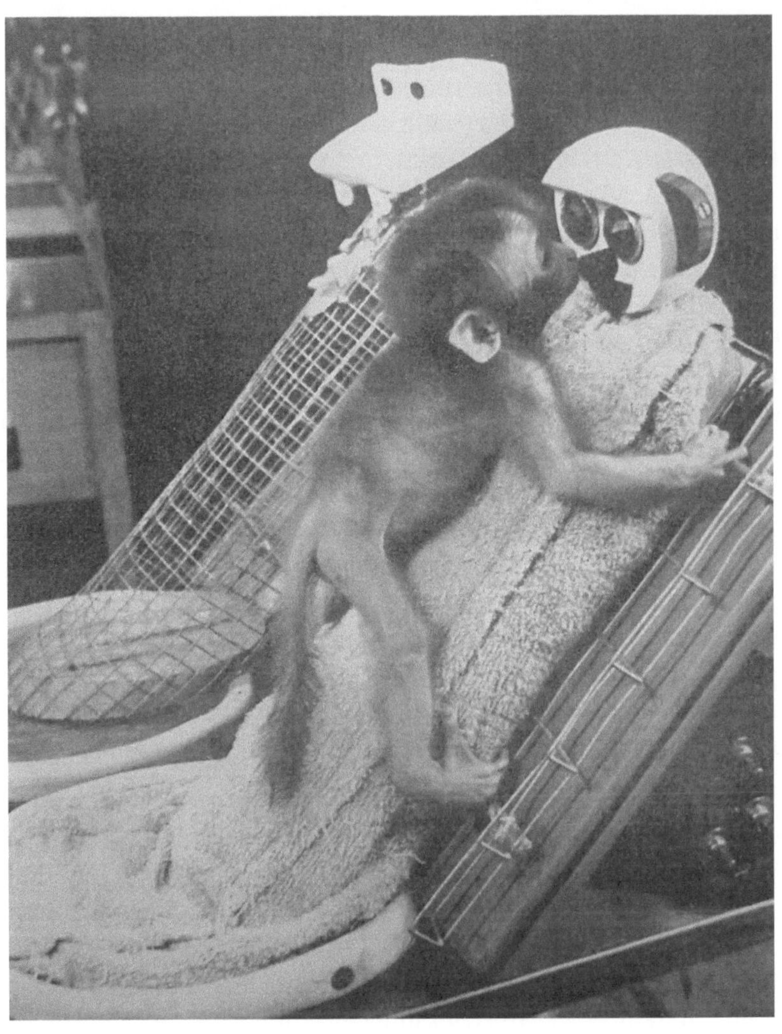

Abb. 1: Isoliertes Affenbaby (Harlow 1959: 69)

Das Tier sucht Zuwendung und Kommunikation, indem es die Fellpuppe mit Gesicht wählt, das Gitter mit Nahrungsfunktion hingegen
nicht beachtet.

und nach Liebe. Oder anders herum betrachtet: Was für ein Leiden muss es für das kleine Tier bedeuten, dass ihm diese Interaktion vorenthalten bleibt?

Im Laufe der Zeit geschah aber noch mehr: Je länger die Isolation aufrechterhalten wurde, desto mehr Störungen entwickelten die heranwachsenden Affen. Die Fellpuppe reichte also (natürlich) bei weitem nicht aus, um die Präsenz seiner Mutter, eines lebenden Betreuers, zu ersetzen. Zu diesen Störungen gehörten insbesondere das stereotype Wiederholen einzelner Bewegungsabläufe und allgemeine Bewegungsunruhe, Aggression und dann wieder auch verbreitete Apathie sowie zwanghafte Gewohnheiten unterschiedlicher Art, so z.B. Haarausreißen und Selbstverletzung. Ebenso war das Erkundungs- und Spieleverhalten deutlich gestört und die Lernleistungen waren deutlich geringer (Harlow 1959, Immelmann *et al.* 1988: 174). Zwei Zusammenhänge wurden nach und nach ausgearbeitet: Die Störungen der Tiere waren desto ausgeprägter, so zeigte sich, je früher die Affenbabys der Isolation nach ihrer Geburt unterworfen wurden und je länger die Isolation andauerte. Außerdem, zweitens, schälte sich eine markante Grenze heraus, ab der die Störungen für immer blieben: „Tiere, die von Geburt an mehr als sechs Monate isoliert waren, zeigen irreparable Schäden" (*ibd.*: 175). Selbst wenn die isolierten Tiere also später mit anderen, normalen Artgenossen zusammengebracht wurden, bildeten sich die sozialen Störungen nicht zurück. Die Tiere konnten sich nicht mehr ändern: Die Verhaltensmuster, die sie unter den gegebenen mangelhaften und problematischen Umständen ausgebildet hatten, blieben fest verankert, wie eingebrannt.

Diese schwerwiegenden, alle Verhaltensbereiche betreffenden Entwicklungsstörungen hat man später unter dem Begriff der Deprivation (von *deprivare*, d.h. berauben, entziehen) zusammengefasst. Sie sind ein spezifisches Krankheitsbild höherer sozialer Säugetiere. Denn nur diese besitzen eine sensible frühe Entwicklungsphase, in der ihre besondere ‚Offenheit‘ und Anpassungsfähigkeit an die Umwelt mit ganz bestimmten sozialen Bedürfnissen einhergeht. Ist in dieser Phase keine angemessene Entwicklung möglich, z.B. durch eine in der Natur nicht vorgesehene und kaum zu erwartende Isolation, so bilden sich hochproblematische Verhaltensweisen aus, die, als besonders schwerwiegender Aspekt, häufig irreversibel sind, das Tier also lebenslang prägen. Diese Beobachtungen waren ein wesentlicher Baustein für die allmähliche Revision damaliger quasi ‚maschineller‘ Vorstellungen für die Entwicklungsbedürfnisse menschlicher Säuglinge.

Abb. 2: Isolierte Affenbabys klammern sich aneinander (Harlow 1962: 144)

In dieser Variante der Harlow'schen Experimente wurden Babys von Rhesusaffen von der Mutter isoliert und wuchsen zusammen auf. Die Tiere entwickelten sich später weitgehend normal.

Unter den deprivativen Folgen der Isolation gab es nun auch einige spezielle, die für das hier wichtige Thema des Geburtenrückgangs von großem Interesse sind. Sie wurden von Harlow und seinem Team, wie bereits gesagt, nur eher nebenbei mitgeteilt, und auch später von anderen Forschern einfach als eine der vielen Folgen des Experiments mit aufgeführt: Man beobachtete nämlich eine eigentümliche Paarungsunfähigkeit. Eine Paarungsunfähigkeit, die nicht etwa auf physischen oder medizinischen Defekten beruhte. Die Tiere waren entsprechend ihrer guten Versorgung körperlich völlig gesund und die Weibchen hätten entsprechend ihrer guten physischen Verfassung ohne weiteres Nachwuchs bekommen können. Es handelte sich also um eine Paarungsunfähigkeit durch die in der Isolationsphase erworbene soziale Störung, kurz gesagt eine *auf die erworbene Entwicklungsstörung beruhende Paarungsunfähigkeit*. Man könnte auch sagen: eine ‚deprivative Fertilitätsstörung'. Sie beruhte offenbar auf einer neuartigen, besonderen Aggressivität der belasteten Tiere – sie „attackierten" (Immelmann *et al.* 1988: 174) nämlich die verfügbaren Partner so sehr, dass eine Paarung einfach nicht zustande kam. Die isolierten Rhesusaffen setzten das aggressive Verhalten, dass sich während ihrer Isolationsphase entwickelt hatten, also auch später fort, sie konnten die Entwicklungsstörung nicht mehr ablegen. Dahinter steckte aber offenbar mehr: Die durch die Isolation erworbene Unfähigkeit zu kommunizieren, die positiven Signale des möglichen Partners richtig zu deuten. Die Tiere waren in ihren sozialen Möglichkeiten, in ihrer sozialen Kompetenz, offenkundig hochgradig defizitär.

„Viele Weibchen", so fassen Immelmann e*t al.* (*ibd.*) diese speziellen Folgen zusammen, „wurden niemals schwanger, obwohl sie bis zu sieben Jahre lang mit erfahrenen und sehr ‚geduldigen' Männchen zusammengehalten wurden. Diejenigen Weibchen aber, die doch Junge gebaren, erwiesen sich als schlechte Mütter, die ihre Kinder grob behandelten und nur so widerwillig saugen ließen, daß sie mit der Flasche nachgefüttert werden mußten." (ibd.) *Eine weitere Konsequenz des belastenden Isolationsexperiments war es damit, dass die Tiere deutlich weniger oder häufig gar keine Nachkommen bekamen.* Mit anderen Worten: Die Geburtenrate der so veränderten Tiere brach ein. Die isoliert aufgewachsenen Tiere verursachten eine (kleine) Geburtenkrise.

Das Experiment erlaubt damit eine doch überaus überraschende Feststellung: Die künstlich erzeugte, gravierende Entwicklungsstörung hat dazu geführt, dass die physisch völlig gesunden Rhesusaffen keine Nachkommen mehr bekamen.

Zwei Dinge, die nach unserer normalen Vorstellung nichts miteinander zu tun haben, standen plötzlich in einem ebenso engen wie doch scheinbar bizarren, ja unglaublichen Zusammenhang: Einerseits die problematische Entwicklung und Sozialisation der Affen in ihrer ersten Lebensphase – und andererseits das Paarungsverhalten als erwachsenes Tier. Nur weil die Tiere unter den Bedingungen der Isolation aufwuchsen, konnten sie viele Jahre später keine Nachkommen erzeugen. Wie nur lässt sich dieser ungewöhnliche Zusammenhang verstehen?

Ohne dieser Frage sofort nachgehen zu können lässt sich feststellen: Die dargestellte Beobachtung, und das ist überaus entscheidend, deutet doch auf die prinzipielle Existenz der im ersten Kapitel veranschlagten Möglichkeit hin: *Der basale Fortpflanzungstrieb kann also tatsächlich, wie oben theoretisch veranschlagt wurde, in so grundsätzlichen Weise gestört werden, dass er trotz physischer Gesundheit ausgeschaltet, unterdrückt oder jedenfalls nicht mehr zugänglich ist.* Durch die Isolation ab der Geburt und die dadurch erzwungene Deprivation waren die Rhesusaffen derartig ‚durcheinander‘, dass sie ihre doch zweifellos in ihnen angelegte Sexualität nicht mehr ausleben konnten. Das Verlangen nach Sex und damit indirekt nach Nachkommen konnte nicht mehr zum Zuge gekommen. Es wurde durch die massive Störung der Entwicklung unterdrückt – und dies bei Tieren, denen man doch gerne eine triebhafte, quasi unabhängige Sexualität unterstellt. Die geschädigten Tiere waren offenbar unablässig mit einer anderen, vordringlichen ‚Arbeit‘ beschäftigt: Sie mussten mit den Folgen der gravierenden Entwicklungsmängel klarkommen. Während sie körperlich reiften, blieb ihre psycho-soziale Entwicklung durch die Isolation auf einer bestimmten, sehr frühen Stufe ‚stecken‘. In besonderer Weise gehemmt und gestört konnten sie – eigentlich durchaus gegen ihren Willen – keine Kinder mehr bekommen, selbst wenn sie mit normalen und „geduldigen“ Partnern zusammenlebten.

Dieser Befund ist von größter Wichtigkeit. Er bietet, wie gesagt, einen ersten Anhaltspunkt dafür, dass der Verdacht einer grundsätzlichen Störung des Nachwuchswunsches, des existentiellen, uns als Lebewesen ‚eingebrannten‘ Drangs zur Vermehrung möglich ist – und dies unfreiwillig, ganz gegen den bewussten Willen. Das Experiment von Harry Harlow bezieht sich zwar speziell nur auf Rhesusaffen. Es scheint aber nicht allzu problematisch anzunehmen, dass derartige Zusammenhänge auch bei den meisten der ähnlich angelegten Lebewesen mit einem komplexen Sozialverhalten – nämlich vor allem bei höheren

Säugetieren – gelten müssten. Von diesem radikalen Experiment und den davon betroffenen Rhesusaffen dann auch auf uns Menschen zu schließen, und damit auch auf die Übertragbarkeit dieser Beobachtungen in Bezug auf unser Nachwuchsverhalten, mag für manche zunächst gewagt und schwierig, vielleicht gar unmöglich erscheinen – aber nur für diejenigen, die mit den Besonderheiten unserer Entwicklung nicht vertraut sind. Tatsächlich ist zumindest die Bedeutung des ersten Teils des Harlow'schen Experiments – die gravierende Folge von Isolation für unsere menschliche Persönlichkeitsentwicklung – mittlerweile bestens bekannt und wird weiterhin intensiv erforscht (s. folgendes Kapitel 3).

Für die hier unternommene Ursachensuche des Geburtenrückgangs ergibt sich durch den Befund der Harlow'schen Experimente jetzt folgende Situation: Der oben geäußerte theoretische Verdacht, dass eine tiefliegende Störung unseres Fertilitätsverhaltens, unserer auf Nachkommen angelegten Konstitution, etwas mit dem Geburtenrückgang zu tun haben kann, wird durch die Experimente von Harlow konkret nachgewiesen, wenn auch ,nur' an Rhesusaffen.

Immerhin, dies sollte Grund genug sein, nun genauer nachzuhaken: 1.) Was genau, so ist doch sofort zu fragen, bewirken eigentlich frühe Isolationserfahrungen bei Menschen – sind wir dagegen unempfindlich oder belasten sie uns genauso wie die Rhesusaffen? Dies wird in den nächsten zwei Kapiteln herausgearbeitet, unter Verweis auf Forschungen der Gehirn- und Kleinkindforschung. 2.) Und wie, so ergibt sich als nächstes Problem, ist dann unsere eigene Sozialisationspraxis zu beurteilen? Diese Frage wird zu einer kritischen Überprüfung unserer modernen Sozialisationspraxis sowie ihre historische Entwicklung in Bezug auf belastende Aspekte führen. Haben sich hier vielleicht unbemerkt problematische Bedingungen ,eingeschlichen' – und wenn ja, wie genau lassen sich von hier aus Zusammenhänge zum ,Geheimnis' des Geburtenrückgangs darstellen? Die hier notwendige ,Detektivarbeit' wird in den später folgenden Kapiteln in Angriff genommen.

Kapitel 3: Der isolierte Mensch hat ein Problem

Bereits erwachsene Menschen bekommen große Schwierigkeiten, wenn sie von der Welt abgeschnitten, wenn sie isoliert werden. Isolationshaft gilt als besondere harte Form der Strafe, als eine Form von Folter. Was aber bedeutet Isolation für Menschen, die am Beginn ihres Lebens stehen, die gerade ihre Entwicklung beginnen, für Babys? Und würden sie, würden wir genauso reagieren, wie die isolierten Rhesusäffchen? Das sind ist im Moment, vor dem Hintergrund der Harlow'schen Erkenntnisse, die entscheidenden Fragen, um den Ursachen des Geburtenrückgangs näher zu kommen.

Das Ziel dieses Kapitels ist es, eine erste Annäherung an die allgemeinen Folgen von Isolation, insbesondere von früher Isolation, bei uns Menschen zu leisten. Zu dieser Problematik liegen mittlerweile überaus zahlreiche und detaillierte Untersuchungen vor. In den letzten Jahrzehnten wurde diese Problematik mit den Methoden der modernen Biologie und Genetik in außerordentlich tiefgründiger Weise bearbeitet und von da aus in bis dahin unerreichter Weise Erkenntnisse über Leib-Seele-Zusammenhänge gewonnen. Ausgangsgrundlage waren dabei häufig Menschen, die die Frühzeit ihres Lebens unter nahezu identischen Bedingungen wie die Rhesusaffen in den Isolationsexperimenten von Harlow verbringen mussten. Nicht etwa, weil man Kleinkinder in verbrecherischer Weise zur Teilnahme an solchen Experimenten zwang – dies verbieten natürlich unsere moralischen Standards. Sondern weil man Kleinkinder in der Wirklichkeit – nicht im Versuch!, nein in der Wirklichkeit! – immer wieder genau jenen isolierenden Bedingungen unterworfen hat, die uns bei den Rhesusaffen von Harlow so grausam erscheinen mögen. Und dies nicht nur ‚aus Versehen' oder aus einem Zufall heraus, auch dies kam vor, sondern mit voller Absicht und, vor allem in der ersten Hälfte des 20. Jahrhunderts, unter dem Siegel wissenschaftlicher Erkenntnis.

Die hier zentrale, spezielle Frage nach den Folgen früher Isolation für unseren basalen Nachkommenswunsch wird durch diese Forschungen allerdings nicht beantwortet – sie hat sich schlicht und einfach den Forschern bislang nicht gestellt. Gleichwohl sind die in diesem und dem folgenden Kapitel vorgestellten grundsätzlichen Erkenntnisse über die Folgen von Isolation wichtig, um die tiefgreifenden Folgen für die Entwicklung überhaupt erst einmal abschätzen zu können. Von da aus wird in den späteren Abschnitten die hier zentrale Hypothese für den Zusammenhang von problematischer Sozialisationspraxis und Geburtenrückgang ausgearbeitet werden.

Begonnen werden soll mit einigen besonders eindringlichen Beispiele für die quasi reale Ausführung der Harlow'schen Experimente an Menschen.

Als 1989 das Ceausescu-Regime in Rumänien zusammenbrach, macht man eine furchtbare Entdeckung: In den staatlichen Waisenhäuser wurden zehntausende verwahrloster Kinder entdeckt – Wilson (2003: 473) zitiert die Zahl von „100.00+" Kindern. Was die öffentliche Aufmerksamkeit vor allem auf sich zog, waren die äußerlich gut sichtbare, völlige Vernachlässigung der Waisenkinder sowie die extrem brutalen Isolationsmaßnahmen bis hin zum Aufenthalt von Kleinkindern in völliger Dunkelheit. Ein Augenzeuge und Berichterstatter dieser Zustände erklärte, dass sich ihm der Begriff „Lagerhaltung" (*„warehousing"*, Federici 1998: 70) aufdrängte.

Die Kinder verbrachten den Großteil ihrer Zeit in Gitterbettchen und waren von weißen Wänden umgeben. Sie wurden selten in den Arm genommen und nach strikten Zeitplänen gefüttert und gewickelt. Sie erhielten kaum individuelle Aufmerksamkeit. Ihr Verhalten war dementsprechend: Sie verhielten sich meist still und starrten Besucher mit leerem Blick an, viele waren zurückgezogen oder fielen durch stereotype Handlungen auf (Marshall 2014). Die Fotos von Journalisten, insbesondere aus dem Waisenhaus in dem Ort Cighid, gingen um die Welt.

Die dramatischen Folgen von frühen Isolations- und Vernachlässigungserfahrungen sind gerade anhand dieses weithin bekannt gewordenen, traurigen Falls in bislang unerreichter Genauigkeit ausgearbeitet worden, wie weiter unten noch ausgeführt wird. Im Grundsätzlichen – was die äußerlich erkennbare Wirkung von früher Isolation für die Betroffenen angeht – bestätigten die Forschungen allerdings nur bereits seit langer Zeit vorliegende Erkenntnisse der Entwicklungsforschung. Gerade in Deutschland kann die Person des Kaspar Hauser, dem bekannten Fall eines vermutlich in weitgehender Isolation aufgewachsenen Jungen, der 1828 mit etwa 16 Jahren in Nürnberg auftauchte, als Ausgangspunkt einer Reflektion über die Folgen einer ‚Mangelerziehung' angesehen werden. Als ‚Kaspar-Hauser-Syndrom' werden heute Fälle schwerer Deprivation bezeichnet, in Folge einer ausgesprochenen Vernachlässigung und Isolation.

Wissenschaftlich wegweisend für das Verständnis von Problemen, die mit einer isolierenden Haltung von Kleinkindern zusammenhängen, waren aber vor allem anglo-amerikanische Untersuchungen in der ersten Hälfte des 20. Jahrhunderts. Dabei konzentrierten sich diese Forschungen häufig auf Kinder, deren Verhaltensauffälligkeiten während eines längeren Krankenhaus- oder Heimaufenthaltes auftraten, weshalb man ihre Krankheit später unter dem Begriff des ‚Hospitalismus' zusammenfasste. Die tragischen Umstände, unter denen die Kleinkinder jeweils aufwachsen mussten, liefen immer auf eine extreme Form der Isolation hinaus, die man, so die (schein-)rationalen Begründungen, angeblich aus hygienischen Gründen wählte, um beispielsweise die Ausbreitung von Epidemien zu verhindern, oder um eine möglichst schnelle und praktische Versorgung der physischen Bedürfnisse zu gewährleisten. Hierzu einige genauere Ausführungen.

Einer der Pioniere dieser Untersuchungsrichtung war der New Yorker Kinderarzt Harry Bakwin (Van der Hors und Van der Veer 2008: 327). Er war von den Verantwortlichen des Bellvue-Krankenhauses Anfang der 1940er Jahre zu Rate gezogen worden, um Maßnahmen gegen eine auffällig hohe Sterberate (30-35 %) unter Babys einzuleiten. Um die Gefahr von Infektionen zu unterbinden hatte man dort begonnen, so berichtete Bakwin später, die Babys in kleinen, abgeschlossenen Bereichen zu halten, in denen maskierte Betreuer vorsichtig hin- und herhuschten, um nur ja keinen Staub aufzuwirbeln – allerdings ganz ohne Erfolg. Erst als Bakwin die Vernachlässigung der Babys beendete, das Betreuungspersonal zu häufiger Interaktion anregte sowie die Familie zu Besuchen einlud, sank die Sterberate unter 10% ab (ibd.).

William Goldfarb, eine andere wichtige Persönlichkeit der frühen Entwicklungspsychologie, hat etwa gleichzeitig in New York Pflegekinder und ihre Betreuung während Krankenhausaufenthalte untersucht. „Die Kinder", so schreibt er,

„wurden durch eine Institution betreut, die ein herausragendes Programm medizinischer Fürsorge aufgestellt hatte. Die Babys waren jedes für sich in eigenen kleinen Boxen untergebracht, um die Ausbreitung von Epidemien zu unterbinden. Ihr einziger Kontakt mit Erwachsenen kam in jenen wenigen Momenten zustande, wenn sie in aller Eile angekleidet, gewickelt oder durch die Krankenschwestern gefüttert wurden. Die Schwestern hatten weder die Ausbildung noch die Zeit oder die Möglichkeit, den meisten Babys Liebe oder Zuneigung zu bieten. [...] Sie [die Babys] verbrachten ihr erstes Lebensjahr nahezu komplett in sozialer Isolation [...], denen zwei Jahren mit einer nur ganz allmählichen Verbesserung der Erfahrungen folgten." (ibd.: 328)[2]

Dieses Modell einer ganz auf soziale aber auch sensuelle Isolation setzende Betreuung war dabei keineswegs ein Sonderweg amerikanischer Krankenhäuser, sondern reflektierte den Stand der wissenschaftlichen Erkenntnis Anfang des 20. Jahrhundert in der westlichen Welt. Die gleichen Muster lassen sich vielmehr in Varianten im Rahmen der damaligen institutionellen Betreuung wieder und wieder feststellen.

So hat der Psychoanalytiker René Spitz um 1945 in einer Reihe von österreichischen Kinderheimen und Krankenhäusern Untersuchungen durchgeführt. In der Behandlung der Babys war alles darauf angelegt, die Kinder ruhig zu halten: „Um zu erreichen, dass die Kinder sich still verhielten", so berichtete Spitz (1967: 49ff.) über die Situation in mehreren Heimen, „hängten die Schwestern Betttücher oder Decken über die Gitter am Fußende und an den Seiten der Bettchen, so dass die Kinder wirksam von der Welt und allen anderen Abteilen abgeschirmt waren, in Einzelhaft versetzt, mit der Zimmerdecke als einzigem Ausblick." In dieser Weise mussten die Kinder einen Großteil des ersten Lebensjahres verbringen, ohne dass sie ihrem Bewegungsdrang folgen konnten. Vielmehr bildete sich durch das lange Liegen eine Kuhle heraus, die selbst das normalerweise nach fünf oder sechs Monaten beginnende Drehen auf die Seite verhinderte.

In Kinderheimen in der Schweiz (aber ähnlich auch in Deutschland) wurden in ähnlicher Weise Kinder nach der eigentlichen Säuglingsphase häufig über lange Zeit an Stühlen, Schaukeln oder Töpfen festgebunden, so dass die Bewegungsmöglichkeiten stark eingeschränkt waren. Zugleich war die taktil-

---

[2] Übersetzung – auch in allen weiteren fremdsprachigen Zitaten – durch den Autor.

sensorische Auseinandersetzung mit der Welt massiv behindert: In einer deutschen Untersuchung aus den 30er Jahren wurde festgestellt, dass Heimkinder dreimal weniger Kontakt mit Gegenständen hatten wie Familienkinder. Eine andere Untersuchung aus dem Jahr 1970 zeigte, dass Heimkinder höchsten 70 Minuten am Tag individuellen Kontakt mit ihren Betreuern hatten, während familiär aufwachsende Kinder auf fünfmal mehr Kontaktmöglichkeiten kamen. Der Kontakt zwischen Kind und Betreuer im Heim war darüber hinaus meist auf technische Dinge beschränkt und ohne emotionale Zuwendung. Dies war nicht nur ein zufälliges Ergebnis, sondern wurde geradezu gezielt angestrebt, unter Vorgabe von Hygienevorschriften (Rieländer 1978: 6).

Die in den vorangegangenen Absätzen zusammengetragenen Beispiele, die nur einige besonders gut bekannte Fälle unter vielen anderen darstellen, zeigen ohne weiteres auf, dass das extreme Experiment von Harry Harlow in nahezu identischer Weise am Menschen durchgeführt wurde, zeitlich häufig weit vor seinen Versuchen, nämlich bereits im ausgehenden 19. und in der ersten Hälfte des 20. Jahrhunderts. Insoweit ist zu erwarten, dass die Beobachtungen und Forschungsresultate zu den Folgen früher Isolation am Menschen eine gute Vergleichbarkeit mit den Harlow'schen Experimenten besitzen sollten. Nebenbei lässt sich festzuhalten, dass eine isolierende Sozialisationspraxis damals Stand des damaligen Wissens war und sich keineswegs nur auf die institutionelle Pflege beschränkte. Vielmehr wurde dieser Erkenntnisstand in vielfältiger Weise gegenüber Familien propagiert und gleichzeitig häufig genug aus den massiven Zwängen der Industrialisierung heraus erzwungen. Auf den Zusammenhang zwischen dieser problematischen, nämlich isolierenden Sozialisierungsmethode und dem damaligen Geburtenrückgang wird noch einzugehen sein.

Nun zu einigen der sichtbaren Folgen der oben dargestellten Fälle früher Isolation an Menschen. Während der deprivierenden Lebensphase, während die Babys und Kleinkinder also auf ‚sozialen und sensorischen Entzug' gestellt waren, wurde typischerweise beobachtet, dass sie in exzessiver Weise auf „der Suche nach affektiver Zuwendung" (ibd.: 12, am Beispiel deutscher Heimkinder) waren. Sie wurden als hyperaktiv oder rastlos beschrieben und wiesen nicht nur eine geringe Frustrationstoleranz auf, sondern zeigten häufig ausgeprägte aggressive Züge. Später litten sie unter Kontaktstörungen und „sozial apathischen Verhalten" (ibd.) oder waren durch zahlreiche Züge sozialer Unsicherheit gekennzeichnet. Gerade Kinder, die bereits ab den ersten Lebensmonaten eine problematische, also isolierende Behandlung, erfuhren, konnte oberflächlich gesehen auch unauffällig und angepasst sein. Diese Verhaltensweise war jedoch, so zeigte sich nach und nach, nur das Ergebnis einer oberflächlichen Anpassung, die mit einer dramatischen Verdrängung von Gefühlen einherging.

Die genannten Verhaltensformen traten in unterschiedlichen Kombinationen und Intensitäten auf, abhängig von vielen äußeren und individuellen Bedingungen. Kürzere Heimerfahrungen, insbesondere wenn sie im Kontext eines vergleichsweise späten Lebensabschnitts notwendig waren, führten zu abgeschwächten Formen der oben skizzierten Muster. Durch spätere positive Erfahrungen sind gerade bei diesen Kindern zumindest Verbesserungen erzielt worden (ibd.). Kleinkinder, die von Anfang an der Isolation ausgeliefert waren, blieben jedoch in der Regel „unfähig, emotional befriedigende stabile mitmenschliche Beziehungen" (Rieländer 1978: 12) zu entwickeln.

Vergleicht man diese hier nur skizzenhaft zusammengefassten Hinweise zum Verhalten jener Individuen, die als Kleinkind schwerwiegenden isolierenden Maßnahmen unterworfen waren, mit denen, die Harry Harlow an seinen Rhesusaffen aufzeigte, so ergeben sich ohne weiteres deutliche Übereinstimmungen. Wir Menschen ertragen eine frühe Isolation sichtlich genauso wenig wie die Rhesusbabys und wir werden, genauso wie die Tiere im Experiment, für Jahre hinaus, oder gegebenenfalls für unser ganzes Leben, durch frühe Deprivation geprägt. Es ist das gleiche Drama zu beobachten: Vollzieht sich die frühe Entwicklung in dauerhafter Isolation, so entstehen extreme Schäden in unserem späteren sozio-psychischen Verhalten. Auch wenn sich auf die hier zentrale Frage nach den Folgen von Isolation für das Fertilitätsverhalten der Betroffenen (und damit mittelbar nach dem Geburtenrückgang) in den Forschungsergebnissen keine Auskunft findet, so drängt die Sichtung der vorgelegten Erkenntnisse klar auf einen Verdacht hin: Warum, eigentlich, sollte frühe Isolation nicht auch bei uns Menschen den Nachkommenswunsch beeinträchtigen? Ist nicht ebenso von einer ‚sozialen' oder ‚deprivativen Unfruchtbarkeit' auszugehen, wie bei den Rhesusaffen? Dies wird später zu thematisieren sein.

Vorerst jedoch gilt es, die mittlerweile noch viel detaillierter ausgebauten Erkenntnisse zu den Folgen von Isolation wenigstens bruchstückhaft vorzustellen. Die auf Beobachtungen aufbauenden Analysen und Veröffentlichungen, insbesondere der frühen Pioniere wie René Spitz, haben entscheidend dazu beigetragen, dass Bewusstsein über die Dramatik und Tragik früher Isolation von Kindern zu entwickeln und institutionelle Betreuungsformen zu ändern. Jenseits dieser mittlerweile gut bekannten, durch soziale Isolation erzwungenen äußeren Verhaltensänderungen hat die moderne Forschung in den letzten Jahrzehnten jedoch herausgearbeitet, dass die genannten Folgen keineswegs als rein psychische oder soziale Störungen zu betrachten sind, sondern im Kern auf massiven *materiellen*, nämlich physischen, physiologischen und teilweise sogar genetischen Veränderungen und Entwicklungen beruhen. Die Isolations- und Deprivationserlebnisse führen also zu einer konkreten Änderung unserer leiblichen Struktur und von dort aus bzw. in einem gekoppelten und sich verstärkenden Entwicklungsprozess zu einer Anders- oder Neuentwicklung unserer Persönlichkeit.

Diese neue, einzigartige Tiefensicht von Leib-Seele-Zusammenhängen ist das Thema des folgenden Kapitels. Darin wird zu zeigen sein, dass dauerhafte Isolationserfahrungen einen Eingriff in unsere basalen Persönlichkeitsstrukturen, in unsere Konstitution, erzwingen. Damit wird bereits prinzipiell nachvollziehbar, dass und wie auch bei uns Menschen der vitale Nachkommenswunsch quasi unbemerkt gestört und durch eine ‚deprivative Unfruchtbarkeit‘ ersetzt werden kann.

Kapitel 4: Isolation, Gehirn und Welterfahrung

Noch einmal zurück zu den rumänischen Heimkindern von Cighid. Die Kinder haben in der Folge der großen medialen Berichterstattung erfreulich viel Unterstützung erfahren. Zahlreiche Menschen aus ganz unterschiedlichen Ländern erklärten sich bereit, die Heimkinder zu adoptieren. Gleichzeitig fingen Spezialisten der Verhaltens- und Entwicklungsforschung an, sich mit den Kindern und ihrem späteren Schicksal zu beschäftigten, so beispielsweise die US-amerikanische Wissenschaftlerin Megan Gunnar und ihr Team (Gunnar und Quevedo 2007), aber auch Forscher vieler anderen Universitäten (z.B. Chugani 2001, Wilson 2003). Sie kamen dabei zu neuen, ungemein faszinierenden Ergebnissen. Im Unterschied zu den oben genannten Pionieren der Entwicklungsforschung konnten sie, entsprechend der neu verfügbaren Untersuchungstechniken, bis in die Tiefen der konkreten *physischen*, nämlichen neurologischen, hormonellen und physiologischen, Strukturen hinein nachvollziehen, was eine ungünstige Entwicklungsbedingung mit uns ‚macht‘. Dies erweiterte das Verständnis für die Folgen von Isolation in überaus überraschender Weise.

In diesem Kapitel soll nun, auf der Basis der genannten Forschungen, gezeigt werden, dass Deprivation und Isolation im Kern weit mehr verursachen, als ‚bloß‘ psychische Schwierigkeiten und Verhaltensprobleme – wie man vielleicht aufgrund rein äußerer Beobachtung annehmen könnte. Sie sind vielmehr ein grundlegender Eingriff in bestimmte konkrete, *physische* Aspekte unseres Körpers, also z.B. unsere Gehirn- und Nervenstrukturen oder unser Hormonsystem. Die Isolationserfahrung erzwingt also gravierende Änderungen jener zentralen Aspekte unseres Körpers, die sich ‚offen‘, d.h. veränderbar entwickeln, in Abhängigkeit von den nach der Geburt empfangenen Umweltsignalen. Die Betroffenen werden demnach durch eine traumatische, belastende Isolation *buchstäblich* und ganz konkret zu einem anderen Menschen – einem Menschen, so der sich durch die Harlow’schen Versuche aufdrängende Verdacht, bei dem gegebenenfalls auch der Nachkommenswunsch ‚ausgeschaltet‘ sein kann. Diese Erkenntnisse erweitern damit unser Verständnis für die Folgen von

Isolationserfahrungen noch einmal ganz beträchtlich, indem sie das Zusammen-spiel von unseren Erfahrungen, der körperlichen Entwicklung und den darauf aufbauenden Verhaltensmöglichkeiten, also die Folgen für unsere gesamte Persönlichkeit, im Detail aufzeigen.

Bei den rumänischen Waisenkindern, beispielsweise, zeigten sich zunächst einmal die bereits schon gut bekannten, vorhersagbaren Folgen der Isolationserfahrung. So bestand ein enger Zusammenhang zwischen dem Zeitpunkt bzw. der Dauer der deprivativen Erfahrung und den daraus entspringenden Langzeitfolgen. Bei Waisenkindern, die als Säuglinge in das Heim kamen und vor der Adoption bereits mehr als sechs Monate unter den dortigen extremen Verhältnissen leben mussten, blieben erhebliche Defizite zurück, auch nach vielen Jahren in normalen Familien. Die Wahrscheinlichkeit solcher Kinder an schweren psychischen Störungen zu leiden – an Depressionen, Angststörungen, ADHS – war erheblich größer, als jener Kinder, die vor dem sechsten Lebensmonat adoptiert werden konnten. Und nicht nur das: Trotz der guten Versorgung und Betreuung in den Adoptivfamilien nahmen die Verhaltensprobleme sogar noch zu, je älter die Kinder wurden. Kamen die rumänischen Waisenkinder hingegen zu Adoptivfamilien innerhalb der ersten sechs Monate ihres Lebens, so war ihre Prognose weit besser. Vielfach erreichten sie ein ähnliches Niveau wie innerhalb Englands adoptierte Kinder (Gunnar *et al.* 2001).

Über diese im Grundsatz vorhersehbaren Ergebnisse hinaus, und das ist das Neue, konnte gezeigt werden, dass die Verhaltens- und Regulierungsprobleme der ehemaligen Heimkinder letztlich auf konkreten, physischen (!) Änderungen ihres – durch die isolierende Behandlung extrem überforderten – Nervensystems und ihrer physiologischen Konstitution basierten. Die Formung des Gehirns, die Veränderungen des Nervengewebes und, als Indikator und Ursache der Veränderungen gleichermaßen, die genaue Weise, in der Hormone wie das Stresshormon Cortisol ausgeschüttet wurden, waren besonders markante Aspekte dieses Eingriffs in die körperliche Entwicklung. In den folgenden Abschnitten sollen nun einige besonders auffällige Forschungserkenntnisse zu den Folgen früher Isolationserfahrungen für unsere körperliche Entwicklung dargestellt werden.

Isolation und Gehirnentwicklung

Die Entwicklung unseres Gehirns, das ist mittlerweile wohl geradezu Allgemeinwissen geworden, ist überaus eng an unsere Lebenserfahrungen der ersten Lebensmonate und -jahre geknüpft. Die 100 Milliarden Gehirnzellen (Neuronen), die wir im Durchschnitt besitzen, sind in ihrer Mehrheit zwar bereits vor der Geburt in uns vorhanden. Aber die konkrete physische Entwicklung, die Entstehung der Verbindungen zwischen Neuronen und ihre Aktivitätsweise ist Teil eines Entwicklungsprozesses nach der Geburt. Das Wachstum und die Verschaltung der Neuronen – jede der Neuronen wird bei einem normalen Erwachsenen mit etwa 1000 anderen Neuronen verbunden sein, was 100 Billionen Verbindungsstellen (Synapsen) ergibt – geschieht dabei in Abhängigkeit von den Erfahrungen, die wir als Baby und Kleinkind machen.

In der Folge von frühen Deprivationen – von früher Isolation und Vernachlässigung – konnten nun bedeutsame Änderungen in der Gehirn- und Nervenentwicklung beobachten kann. Vergleicht man beispielsweise das Gehirn eines normal entwickelten dreijährigen Kindes mit einem gleichaltrigen, aber schwer vernachlässigten Kind, so fallen bereits auf einer höchst oberflächlichen Ebene ganz wesentliche Unterschiede auf (Abb. 3). Das Gehirn des deprivierten Kindes ist erheblich kleiner und zeigt deutlich erkennbare Formunterschiede im Vergleich zu einem normal entwickelten Kind. Auf einer tieferen Ebene sind weitere, höchst wichtige Unterschiede erkennbar, so beispielsweise in Form einer reduzierten Anzahl von Verschaltungen, in Bezug auf die Dicke der Nervenstränge oder ihre Versorgung (Gerhardt 2012: 84, s.a. Gerhardt 2006).

Jede dieser genannten Veränderungen im Inneren des Gehirns muss aber enorme Auswirkungen auf die Betroffenen haben. Auf unsere Art, die Welt wahrzunehmen, sie zu verstehen, aber vor allem auch auf unsere Emotionen, auf den Reichtum unserer Verhaltensmöglichkeiten, letztlich auf unser Weltbild, auf unser Verständnis der Welt. Denn die Nerven sind unausweichlich die physischen Grundlagen für alles, was wir sind, was wir denken und fühlen und tun können. Wenn unser Gehirn – und damit wir selbst!, unsere Persönlichkeit – ein plastischer, ganz individueller Abdruck unserer Erfahrungen ist, wie die heutigen Entwicklungsforscher annehmen, wenn es, insbesondere, ein soziales Organ ist, dass sich in direkter Korrelation zu den konkreten sozialen Erfahrungen eines Babys ausbildet, dann müssen die Änderungen der physischen Strukturen gravierende Folgen für die Betroffenen haben: Ihre Persönlichkeit, ihre Art, die Welt zu erfassen, wird grundsätzlich anders.

Dieser Befund führt zu weiteren wichtigen Schlussfolgerungen: Das skizzierte Prinzip der Plastizität des Gehirns funktioniert offenbar nicht nur in Bezug auf Erfahrungen, die wir machen, sondern auch in Bezug auf Erfahrungen, die wir *nicht* machen. Wir sind auf Erfahrungen, vor allem bereichernde Erfahrungen, dringend angewiesen, auf einen ständigen ‚Input‘, nicht nur von nüchternen Informationen, sondern auch von sozialen Erfahrungen aller Art, die wiederum Rückwirkungen haben auf unsere Aufnahmefähigkeit. Wird nun bereits die Möglichkeit der Erfahrungsbildung, sei sie nun positiv oder negativ, ausgeschaltet oder reduziert – durch Formen der Isolation und Vernachlässigung – so wird sich auch dies in unserem Gehirn widerspiegeln. Es bilden sich quasi ‚Leerstellen‘ heraus. Das Gehirn bleibt dann ein ‚unbeschriebenes Blatt‘ und die daraus resultierenden Verhaltensformen bleiben, angesichts der fehlenden Entwicklungselemente, unvollständig, zerbrechlich. Die Betroffenen erscheinen in vielfältiger Weise belastet.

Darüber hinaus ist ein zentraler Regulierungsmechanismus erkennbar: Befinden wir uns dauernd im Zustand der Unsicherheit, sind wir in vielfältiger Weise durch die vordingliche Beschäftigung mit der Sorge um die eigene Existenz blockiert, so können wir kaum noch mögliche positive Stimulationen unserer Umwelt aufnehmen. Wir sind überlastet. Umgekehrt muss ein positiver, sich selbstverstärkender Zusammenhang von Geborgenheit und Lernen existieren: Im Zustand der emotionalen Ausgeglichenheit und Gelassenheit, wenn wir uns sicher fühlen, können wir Umwelteindrücke aller Art bewusst aufnehmen und integrieren – und unser Gehirn- und Nervensystem entwickelt sich in entsprechend normaler Weise.

Die vorgestellten Einsichten erlauben es auch ein bereits oben berührtes Paradox zu erklären: Geht man davon aus (wie viele Wissenschaftler und Teile der Bevölkerung im 20. Jahrhundert, teilweise aber wohl noch bis heute), dass Babys zu Beginn ihres Lebens kaum mehr sind als kleine ‚Maschinen‘, die sich einige Jahre quasi ‚blindlings‘ entwickeln, bis sie allmählich ‚vernünftig‘ denken können, vielleicht mit 12 oder 15 Jahre, so müssend die Folgen der Isolation doch als sehr seltsam erscheinen. Wie kann es denn sein, dass ein Affen- oder Menschenbaby, das unter sehr guten äußeren Bedingungen aufwächst, mit ge-

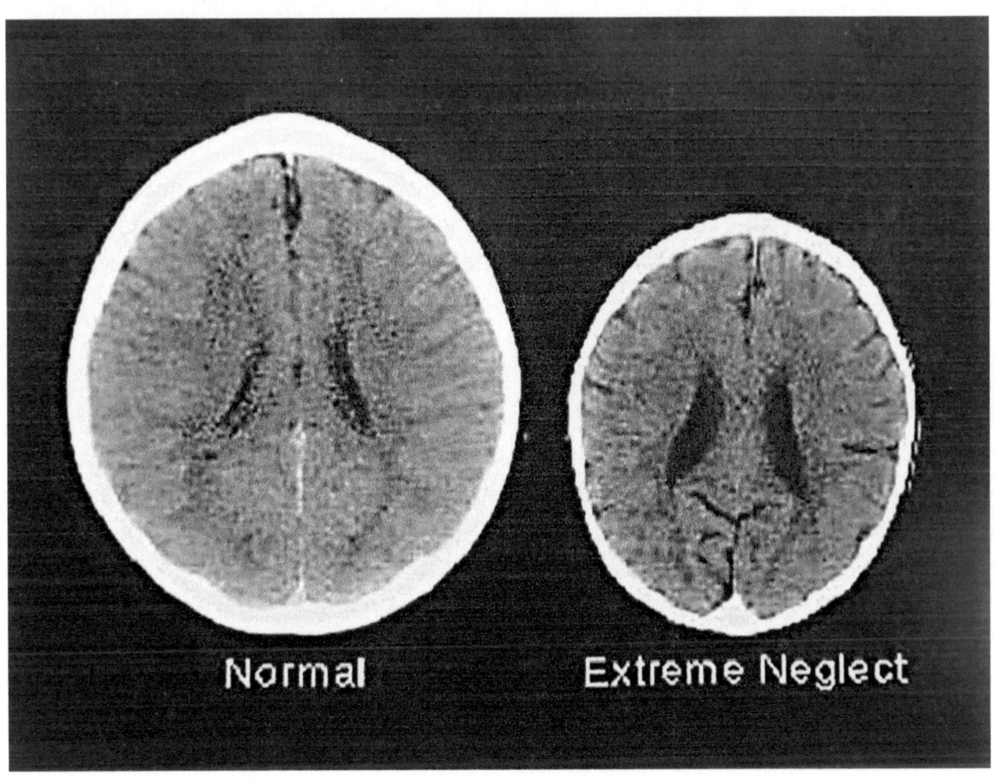

Abb. 3: Gehirne dreijähriger Kinder im Vergleich (Gerhardt 2006: 88)

Links der Schnitt durch das Gehirn eines normal entwickelten Kindes, rechts das Gehirn eines Kindes, dass extreme Vernachlässigung erfahren musste.

nug Nahrung und Trinken, mit Schutz und gegebenenfalls auch medizinischer Betreuung, aber ohne äußere Probleme, wie kann also ein derartiges Wesen, dem man doch ‚eigentlich' nichts getan hat, außer, dass man es alleine ließ, eindeutig ganz extreme Verhaltensprobleme entwickeln?

Nun, es liegt daran, so wird jetzt, mit dem Wissen der Gehirnforschung verständlich, weil grundlegende Möglichkeiten der sozialen Erfahrung und Welterfahrung, auf die die Tiere und wir Menschen für unsere Entwicklung angewiesen sind, nicht gemacht werden konnten. Und weil diese Mangelerfahrung das Gehirn, die zentrale Basis aller Verhaltensoptionen, in problematischer Weise veränderte, es zu einem ‚Mangelgehirn' machte. Weil die ‚Nicht-Erfahrung' eine entsprechende reduzierte physische Struktur hervorbrachte, die beispielsweise die Fähigkeit der Betroffenen zur Regulierung ihrer Emotionen in bedeutsamer Weise einschränkte und zugleich ihre soziale Kompetenz erheblich reduzierte.

Isolation und Hormonsystem

Die Veränderungen durch belastende Sozialisationserfahren, und das heißt eben auch durch Nicht-Erfahrungen, durch ‚bloße' Isolation, gehen aber noch viel weiter. Sie berühren nicht nur die Nervenentwicklung, insbesondere das Gehirn, sondern betreffen auch unsere Hormonkreisläufe und die Gesamtheit der physiologischen Vorgänge. Bei der Suche nach einer Erklärung für die problematischen Verhaltensänderungen durch die Erfahrung von Isolation oder Vernachlässigung ist man schließlich u.a. auch auf das bereits oben genannte Stresshormon Cortisol aufmerksam geworden, neben vielen anderen hormonellen bzw. physiologischen Mechanismen.

Cortisol dient eigentlich zur Bewältigung von akuten, lebensbedrohenden Situationen. Es wird benötigt, um die zusätzlichen Energiekosten, die bei Kampf- oder Fluchtreaktionen notwendig werden, „auf Kosten von Wachstums- und Entwicklungsprozessen" (Böhm 2013: 119) bereitzustellen. „Der naheliegende biologische Sinn liegt darin, die Überlebenswahrscheinlichkeit in Krisensituationen zu erhöhen" (ibd.). Das Cortisol ist also für kurzfristige Aktionen gedacht und nicht für den ‚Dauereinsatz'. Eine dauerhafte Belastung des Körpers durch hohe (oder ggf. auch zu niedrige) Cortisoldosen, hervorgerufen durch ‚Stress' im weitesten Sinne, greift in vielfacher Weise schädlich in unsere Entwicklungsprozesse ein.

Von dieser Erkenntnis ausgehend hat man die Reaktionen von Babys und Kleinkindern auf Stresserfahrungen untersucht, sowie dessen weitergehende Effekte auf den Körper und das Verhalten. Dabei hat sich gezeigt, dass die Veränderungen des Cortisolspiegels, also sowohl ein ‚mehr‘ oder auch ein ‚weniger‘ im Vergleich zur normalen Entwicklung, einen hervorragenden Indikator für problematische Erfahrungen abgeben – so beispielweise auch in den bereits oben genannten Arbeiten zu den Folgeschäden der rumänischen Waisenkinder durch Megan Gunnar.

Beispielsweise wurde herausgearbeitet, dass hohe Cortisolwerte im Hippocampus (einen zentralen Gehirnbereich, der für Lernen und Gedächtnis wichtig ist) zu einer Verkümmerung der Dendriten, d.h. der ‚Arme‘ bzw. Zellfortsätze der Nervenzellen, und zu einem Rückgang der Neubildung von Nervenzellen führen, eventuell auch zum Absterben von hemmenden Interneuronen. (Strüber und Roth 2014: 87). Bereits Stresssituationen der werdenden Mütter z.B. durch Depressionen vergrößern die Konzentration des Cortisols im Blut und beeinflussen von dort aus den Fötus. Das Fötus und sein späterer Umgang mit Stress wird bereits im Mutterleib programmiert und teilweise festgelegt (ibd.: 85ff.).

Erhöhte Cortisolwerte verändern auch die Gehirnentwicklung, indem sie das Wachstum bestimmter Regionen stimulieren, in anderen Bereichen verhindern oder sogar zum Abbau von Nervengewebe beitragen (z.B. Kaufmann und Charney 2001, Sapolsky 2004). Das Gehirn – also letztlich die sich entwickelnde Persönlichkeit – derart physiologisch-hormonell geprägter Individuen entwickelt sich also wiederum anders, auf eigene und potentiell eben problematische Weise. Die Untersuchungen an der amerikanischen Universität Tulane zu den Folgewirkungen der Isolationserfahrung der rumänischen Waisenkinder haben z.B. gezeigt, dass die Chromosomenenden der Zellen (Telomere) verkürzt waren. Sie altern schneller – und die problematischen Zellen können zugleich als „Indizien für künftige mentale Probleme" (Brinck, Die Zeit v. 27.12.2012) gewertet werden. Die Folgewirkungen problematischer Cortisolwerte geht übrigens weit über die genannten Beispiele hinaus und betrifft eine Vielzahl von Körperfunktionen und Verhalten. So besteht, um nur ein Beispiel zu nennen, ein Zusammenhang zwischen Cortiosol, der ‚Testosteronkrise‘ und um sich greifenden Erektionsstörungen bei Männern (z.B. Meston und Frohlich 2000: 1016).

Isolation aus der Baby-Perspektive

Bemerkenswert ist nun nicht nur, dass die Nervenentwicklung von Babys und Kleinkinder durch Veränderungen des Cortisols beeinflusst wird. Ebenso wichtig ist die Erkenntnis, wie schnell dies geht und welche, aus der Alltagssicht völlig ‚harmlosen‘ Veränderungen, den Ausgangspunkt dazu bilden. Was also genau aus Sicht von Säuglingen als Stresssituation, als Isolation, erlebt wird.

So haben die amerikanische Kleinkindforscherin Gunnar und ihr Team folgenden Versuch durchgeführt: Sie haben den körperlichen Kontakt zwischen einem Säugling und seiner Betreuungsperson für kurze Zeit aufgehoben. Die betreuende Person befand sich im Rahmen dieses Experiments weiterhin *im gleichen Raum*, doch bestand keine direkte, konkrete Kontaktmöglichkeit mehr. Das Baby konnte also ‚nur‘ seine Betreuungsperson nicht mehr spüren oder fühlen, obwohl diese im Prinzip verfügbar war – also im Grunde eine ganz normale häusliche Situation. Wenn die Mutter innerhalb einer halben Stunde, also nur 30 Minuten, (scheinbar) anderweitig beschäftigt war und nur bei sichtbaren Anzeichen von Unwohlsein auf ihr Baby reagierte, so stieg der Cortisolwert des Säuglings bereits signifikant an. Gab die Mutter hingegen die ganze Zeit hindurch beruhigende Signale, so war kein Anstieg des Cortisols messbar (Gunnar *et al.* 1992, s.a. Gunnar 1992).

Der Stresszustand des Babys trat also trotz der physischen Anwesenheit der Mutter im *gleichen* Raum auf, und dies bereits innerhalb einer halben Stunde. Wenn derlei harmlose Änderungen bereits solche messbaren Folgen haben, was, so muss doch sofort gefragt werden, passiert in Körper von Babys die über Monate und Jahre nahezu isoliert aufwachsen müssen? Muss sich daraus nicht die Erwartung einer überaus negativen, sich selbst verstärkende Entwicklungsspirale ergeben? Einer Entwicklung die unfehlbar zu den oben beschriebenen, später kaum oder nur sehr schwer rückgängig machbaren Veränderungen im Nervensystem, zu den Veränderungen im Hormonsystem und schließlich, auf diesen physischen Änderungen aufbauen, zu den Verhaltensproblemen der Individuen führen? Hier wird nun verständlich, welche enorm schädlichen Prozesse im Körper jener Individuen stattgefunden haben müssen, von denen oben berichtet wurden: in den isolierten Babys in Krankenhäusern, in Heimkindern und in den rumänischen Waisenkindern.

Aufsehenerregend an diesem Ergebnis ist aber vor allem auch der Gegensatz zu unserem heutigen erwachsenen Alltagsverständnis. Es wird deutlich, dass die Erfahrung von ‚Isolation‘ und ‚Stress’ von Säuglingen nicht mit unserer modernen erwachsenen Haltung übereinstimmt: Wohl kaum jemand würde doch erwarten, dass ein Säugling, der sich im gleichen Raum wie seine Betreuungsperson befindet, unter Stresszuständen leitet – ‚nur‘, weil der körperliche oder stimmliche Kontakt vorübergehend eingestellt wurde. Es existiert also eine ‚Baby-Perspektive‘ von Isolation und eine ‚Erwachsenen-Perspektive‘: Während wir Erwachsenen annehmen, dass Säuglinge ‚natürlich‘ wissen, dass sie an einem sicheren Ort sind, z.B. ihrem Zimmer oder dem Elternhaus, sind Babys in Wirklichkeit auf die ständige Versicherung durch konkreten Kontakt angewiesen. Dieser Gedanke ist ein wichtiger Ausgangspunkt für weitere Schlussfolgerungen und wird gleich erneut aufgegriffen werden.

Ist die moderne Sozialisationspraxis problematisch?

Die in den letzten beiden Kapiteln ausgearbeiteten Informationen sollten genügen, um die außerordentlich tiefgreifenden und verheerenden Auswirkungen früher Isolationserfahrungen, grundsätzlich verständlich zu machen. Isolierende Erfahrungen führen nicht nur zu Verhaltensproblemen, wie eine einfache Beobachtung zeigt, sondern sie nehmen insbesondere auch Einfluss auf die konkrete Ausbildung bestimmter physischer Strukturen, die sich in den ersten Monaten unseres Lebens erst entwickeln, in Anpassung an den die jeweiligen Umweltbedingungen. Aufgrund der durch die Mangelerfahrung veränderten physischen Basis ergibt sich eine neuartige, vielfach problematische Persönlichkeitsentwicklung.

Die Beobachtungen, die Harry Harlow im Rahmen seiner Isolationsexperimente machte, sind nun im Detail nachvollziehbar – und sie sind im Allgemeinen ohne weiteres auf den Menschen zu übertragen. Allerdings liegen keine Untersuchungen über den Geburtenerfolg oder -misserfolg der von früher Isolation betroffenen Personen vor. Es bleibt also offen, ob die Isolationserfahrung auch bei uns Menschen zu einer ‚deprivativen Unfruchtbarkeit‘ führt, zu einem ‚Ausschalten‘ des Nachkommenswunsches wie bei den Rhesusaffen. Auch wenn die

Vermutung, dass ein solcher Zusammenhang zwischen Isolation und Geburtenrückgang auch bei uns Menschen bestehen muss, bereits naheliegt.

Die Aufgabe der folgenden Kapitel wird es sein, diese letzte, entscheidende Lücke der hier verfolgten These zu schließen. Also des Verdachts eines Zusammenhangs von isolierender Sozialisationspraxis und Geburtenrückgang zu begründen. Dazu muss allerding nicht nur herausgearbeitet werden, dass das bei den isolierten Rhesusaffen beobachtete ‚Einfrieren‘ oder ‚Zudecken‘ des Nachwuchsverhaltens auch bei ähnlich isoliert aufwachsenden Menschen funktioniert, also beispielsweise bei den rumänischen Waisenkindern. Ein solcher, vermutlich relativ einfach zu erbringender Nachweis genügt angesichts des Geburtenrückgangs ‚auf breiter Front‘ keineswegs. Darüber hinaus muss vielmehr auch noch glaubhaft gemacht werden, dass die Bedingung einer isolierenden Sozialisationspraxis den Großteil der heutigen Bevölkerung betrifft, dass eine massenhafte, uns letztlich alle betreffende isolierende Entwicklungsstörung vorhanden ist. Dass frühe Isolation kein Sonderfall ist, der wenige Personen in Ausnahmesituationen betrifft, sondern heute viele Menschen angeht, dass sie Teil unserer normalen Betreuungspraxis sein muss.

Mit anderen Worten: Es geht in den folgenden Kapiteln um eine kritische Sichtung unserer eigenen, modernen Sozialisationspraxis, um eine Untersuchung möglicher problematischer Veränderungen im Laufe der Geschichte. Und es geht, zuallererst, darum, auch unsere Vorstellung von ‚Isolation‘ zu hinterfragen. Lässt sich unsere erwachsene Sichtweise von Isolation auf die Kleinkindperspektive übertragen – oder haben Säuglinge ganz andere Erfahrungen? Und wenn dies so wäre, was bedeutet dies für unsere Sozialisationspraxis?

Kapitel 5: 5.000 Jahre Einsamkeit – die stille Revolution der Sozialisation

In den vorangegangenen Kapiteln war gezeigt worden, dass uns Menschen frühe Isolationserfahrungen tatsächlich in ganz ähnlicher Weise schädigen, wie die Rhesusaffen im Harlow'schen Experiment. Und es wurde verständlich gemacht, wie tief und umfassend, bis hin zu unseren materiellen körperlichen Strukturen, derartige Erfahrungen die Betroffenen verändern.

Nun geht es um die zweite wichtige Beobachtung von Harlow, seine nebenbei gemachte Feststellung des unfreiwilligen Geburtenrückgangs unter Rhesusaffen mit Isolationserfahrung. Gilt auch für uns der Zusammenhang von problematischer Sozialisation und Geburtenrückgang, wie im Experiment des amerikanischen Verhaltensforschers?

Wenn einer solcher Zusammenhang existieren soll, so muss doch zunächst folgendes glaubhaft gemacht werden können: Dass in unserem heute gängigen Sozialisationsverhalten, in unserem Umgang mit Kleinkindern, etwas in *grundlegender* Weise falsch läuft – und nicht nur in den bislang erörterten Ausnahmefällen. Dass viele Menschen von neuartigen, höchst problematischen Betreuungsformen betroffen sind. Dass Sozialisationspraktiken normal geworden sind, die auf einer tiefen Entwicklungsebene für Störungen sorgen, Störungen, welche schließlich auch den Nachwuchswunsch ‚überdecken'. Dass wir also, kurz gesagt, den isolierten Rhesusaffen von Harlow gleichen, dass diese tatsächlich das Modell für unseren eigenen Geburtenrückgang abgeben.

Die Suche nach den Ursachen des Geburtenrückgangs mündet damit in eine ebenso faszinierende wie ungewöhnliche ‚demographische' Analyse ein: Es gilt, unsere eigene, heute normale Sozialisationspraxis in kritischer Weise auf den Prüfstand zu stellen – und nicht mehr nur die Sonderfälle von Vernachlässigung zu betrachten, die bislang im Mittelpunkt standen. Es gilt, unsere heutige normale Sozialisation nach den Erkenntnissen der modernen Gehirn- und Entwicklungsforschung auf ihre Übereinstimmung mit jenen basalen

Sozialisationsbedingungen zu überprüfen, wie sie jetzt als fundamental für unsere frühe Entwicklung anzunehmen sind. Und dann nach Möglichkeiten zu suchen, einen Zusammenhang zwischen den Veränderungen unserer Sozialisationspraxis und dem Geburtenrückgang zu erarbeiten.

Die Idee einer problematischen oder gar traumatisierenden Sozialisationspraxis nicht etwas als Ausnahmeerscheinung, wie bei den Heimkindern in Rumänien um 1990, sondern als Massenphänomen, muss für die meisten von uns als höchst unwahrscheinlich, als befremdlich, als unmöglich, geradezu als ungeheuerlich erscheinen. Das ist nur zu verständlich. ‚Natürlich‘, so mögen wir ausrufen, ‚wurden wir normal, nach besten Wissen und Gewissen erzogen, und natürlich haben wir auch alles getan, dass sich unsere Kinder so gut wie möglich entwickeln‘. In jedem Fall meilenweit von den Abgründen isolierter Rhesusaffen, den rumänischen Waisenkindern aus Cighid oder den Methoden der Betreuung aus Heimen und Krankenhäusern des frühen 20. Jahrhunderts entfernt. Und außerdem: Wie kann es sein, dass gerade in diesem, so besonders sorgsam untersuchten Bereich der Sozialisation derartig gravierende Fehlformen auftreten sollten, dass sie nicht längst bemerkt worden sind, und dass man diese, so sie vorkommen, nicht umgehend beseitig hat? Sind nicht die bei weitem allermeisten Eltern bereit, alles nur Denkbare für das Wohl ihrer Kinder zu tun? Wurde denn jemals mehr für Babys und Kleinkinder getan als heute? Alleine der Gedanke scheint ein Sakrileg. Er berührt uns in unseren tiefsten Ebenen.

Und doch: genau dafür sollen in diesem Kapitel Argumente und Indizien gesammelt werden. Es soll gezeigt werden, dass unsere heutige Sozialisationspraxis trotz aller ungeheuren Errungenschaften und trotz der außerordentlichen Anstrengungen, eine rundum perfekte Umgebung für das Aufwachsen unserer Kinder zu schaffen, in bestimmten, gut verborgenen Bereichen gravierende Schwächen aufweist. Dass sie keineswegs unsere gesamten Sozialisationsbedürfnisse befriedigt, sondern, im Gegenteil, bestimmte zentrale Ansprüche in geradezu heimtückischer Weise ausklammert und in heimlicher Weise für jene Traumata sorgt, zu deren Folgen schließlich auch der Geburtenrückgang zählt. Ziel dieses Kapitels ist es damit, die Grundzüge einer grundlegenden, revolutionären Veränderung menschlicher Sozialisationspraxis herauszuarbeiten, ein Prozess von rund 5.000 Jahren – und verständlich zu machen, dass sich unser heutiges erwachsenes Verständnis von Isolation grundsätzlich von der Perspektive eines

Kleinkindes unterscheidet. Mit dem zuletzt genannten Aspekt soll nun begonnen werden.

Kontaktabbruch als Isolation

Ein erstes wichtiges Element, um das genannte Befremden zu dem hier verfolgten Verdacht aufzulösen, ist es, einmal unser Selbstverständnis von ‚Isolation' zu hinterfragen. Wir, als Erwachsene, scheinen uns heute sehr sicher zu sein, dass wir wissen, wann unsere Kinder sich isoliert fühlen – nämlich dann, so denken wir vermutlich in aller Regel, wenn sie alleine in einer unbekannten Umgebung sind. Dabei haben die oben genannten Experimente von Gunnar (und anderen Wissenschaftlern) dieses Selbstverständnis in erheblicher Weise erschüttert. Babys, so zeigt sich, erleben Isolation anders, als es die meisten modernen Erwachsenen vermuten. Für sie beginnt Isolation aller Beobachtung nach vom Moment des physischen Kontaktabbruchs an. Es ist deshalb zunächst ungemein wichtig, die im letzten Kapitel bereits angedeutete Erkenntnis erneut anzusprechen und zu vertiefen.

Am oben vorgestellten Isolations-Experimentes von Gunnar lässt sich doch ablesen, dass unser heutiges erwachsenes Verständnis von ‚Isolation' und ‚Stress' offensichtlich nicht mit der Beurteilung der gleichen Situation durch Kleinkinder und Babys übereinstimmt. Für die betroffenen Babys war die konkret-körperliche oder doch zumindest stimmliche Anwesenheit der Betreuungsperson die offensichtlich entscheidende Basis, um sich in Sicherheit zu fühlen. Hingegen wurde der Abbruch des Kontakts von der Betreuungsperson, selbst nur für wenige Minuten und bei Präsenz der Mutter im gleichen Raum, als bedrohlich erlebt. Schon innerhalb von 30 Minuten wurde eine deutliche Zunahme des Stresshormons Cortisol gemessen, als Hinweis auf eine grundlegende Beunruhigung.

Diese scheinbar ‚unvernünftige Reaktion' lässt sich Angesicht der enormen Hilflosigkeit des Babys und der damit verbundenen potentiellen Gefahren für Leib und Leben eigentlich gut nachvollziehen. Der zu beobachtende Alarmmechanismus war im Rahmen der viele Millionen Jahre langen menschlichen Entwicklung zweifellos sehr sinnvoll: Ein alleine bleibendes Baby konnte in der damaligen Umgebung im Handumdrehen zum Opfer von Raubtieren oder auch ungünstiger Wetterbedingungen werden. Wir Erwachsenen gehen heute hingegen ‚natürlich‘ davon aus, dass ein Babys sich beispielsweise in seinem Elternhaus grundsätzlich sicher fühlen muss, egal ob die Betreuungspersonen nun anwesend sind oder nicht – und wir verstehen nicht mehr, dass Säuglinge eine derartig komplexe Übersicht über seine Umgebung nicht besitzen kann.

Daraus lässt sich der Schluss ziehen, dass wir wieder lernen müssen zu verstehen, dass Isolation – und damit auch Stress – bei Säuglingen nicht erst anfängt, wenn man sie in jener extremen Form produziert, wie in den amerikanischen Krankenhäusern oder europäischen Kinderheimen im 20. Jahrhundert, sondern bereits viel früher: Isolation und Stress setzen bereits dann ein, wenn der konkrete körperliche und stimmliche Kontakt zwischen Säugling und der betreuenden Person abreißen. Vor allem aber ergibt sich die Feststellung eines bislang kaum beachteten Problems: Nahezu alle heutigen Kinder in den ‚modernen‘, technisch entwickelten Staaten wachsen doch für einen großen Teil ihrer Zeit alleine oder liegend in ihren Kinderzimmern, -wägen, -betten und -sitzen auf (und auch wir selbst haben mit großer Wahrscheinlichkeit diese Erfahrung gemacht). Viele Säuglinge werden zudem nach wenigen Monaten in Krippen untergebracht, erfahren also einen ständigen Wechsel zwischen verschiedenen Betreuungspersonen und -situationen.

Angesichts der oben skizzierten Erkenntnisse ergibt sich zwangsweise eine kritische Sicht: Muss eine moderne Sozialisationspraxis aus der Sicht des betroffenen Kleinkindes nicht als eine andauernde Stresssituation erlebt werden, wenn man die Erkenntnisse des skizzierten Experiments zu Grunde legt? Wenn schon eine halbstündige Unterbrechung des direkten Kontaktes zwischen Säugling und Betreuungsperson zu einer problematischen Veränderung des Cortisolspiegels führt – was passiert, so ist doch zu fragen, wenn sich diese oder ähnliche Situationen über Wochen, Monate und Jahre fortsetzt? Und, umgekehrt, wie genau sieht denn eine Sozialisation aus, die unsere tiefsten Entwicklungsbedürfnisse erfüllt? All diese Beobachtungen sind eine wichtige Voraussetzung, um die Wandel unserer Sozialisationspraxis in den letzten 5.000 Jahren besser beurteilen zu können.

Die historische Wende vom getragenen zum liegenden Kind

Versucht man die historischen Veränderungen menschlicher Sozialisationspraxis zu erfassen, so lässt sich relativ einfach eine grundsätzliche, revolutionäre

Neuentwicklung ausmachen. Für die letzten 5.000 Jahren kann sich eine sich bis heute weiter verstärkende Dynamik vom *getragenen* zum *liegenden* Kind, vom ständig im Kontakt zur Betreuungsperson befindlichen zum relativ isolierten, d.h. nicht mehr im konkreten physischen Kontakt zu seinen Betreuungspersonen stehenden Kind, festgestellt werden. Nimmt man das oben angedeutete Verständnis für Isolation aus Kleinkindsicht hinzu, so lässt sich voraussagen, dass Babys und Kleinkinder immer mehr und immer öfter unter Bedingungen aufwachsen, die sie aus ihren Ansprüchen heraus als Isolation empfinden müssten – und die die oben geschilderten Folgewirkungen haben sollten.

Doch nun genauer. Überblickt man die Menschheitsgeschichte und die darin praktizierten Sozialisationsweisen im Ganzen, so ergibt sich doch folgende Beobachtung. Nahezu während der gesamten, mehrere Millionen Jahre dauernden Evolution früher Menschen bis hin zum heutigen *Homo sapiens* gab es im Grunde nur eine Form des Umgangs mit Babys und Kleinkindern. Sie wurden nahezu ausnahmslos rund um die Uhr getragen und zwar über mindestens zwei bis drei Jahre hindurch, bis sie selbständig laufen konnten. Bis heute ist diese Form des Sozialisationsverhaltens in einer Reihe von Gesellschaften üblich, so vor allem auf dem afrikanischen Kontinent, in Südostasien und Südamerika, und, wie seit jeher, in den wenigen noch existierenden sogenannten Jäger-und-Sammler-Gruppen (Krebs 2001). Diese Form der Sozialisation erfüllt auf höchst einfache und geniale Weise all jene Bedingungen, die die heutige Forschung als zentral für eine normale Entwicklung herausgearbeitet hat: Die Babys fühlen sich durch die ständige, konkrete Nähe geborgen und sicher. Gleichzeitig haben sie die Möglichkeit einer ständigen Umweltinteraktion, einer Anregung durch Umweltreize, die sie, auf der Basis der sicheren Haltung, auch in Ruhe aufnehmen und verarbeiten können.

Erst vor rund 5.000 Jahren lassen sich erstmals andere Formen der Sozialisation beobachten. Eine erstaunliche und bis heute in ihrer Dramatik nicht erkannte Wende hin zum liegenden, von der Betreuungsperson distanzierten Sozialisation wird erkennbar. Die ersten Nachweise finden sich in den sogenannten frühen Hochkulturen des Zweistromlandes sowie, nahezu zeitgleich, in Ägypten. Gut erkennbar wird zu diesem Zeitpunkt der neue Brauch eingeführt, Kinder durch Hebammen betreuen zu lassen. Ebenso und wohl unmittelbar im Zusammenhang mit dieser neuen Form der Dienstleistung finden sich neue Techniken wie das Wiegen, das Wickeln und Bandagieren des Säuglings

(Zglinicki 1979, Fildes 1988). Einer der ältesten, individuell zuordenbarer Nachweise bezieht sich auf die babylonische Amme Zamema, die im Haushalt der Königin von Urkesch ihre Dienste leistete, und deren Siegel auf 2.200 v. Chr. datiert wurde, also rund 4.200 Jahre alt ist (Keel 2004: 72; Abb. 4).

Kaum später als in Babylonien ist eine Fremdbetreuung durch Hebammen auch in Ägypten nachweisbar, wobei Babys allerdings dort vermutlich eher weiterhin getragen wurden. Erste konkrete Nachweise für den Gebrauch des Wickelns oder Bandagierens in Form von Idolen oder Votivfiguren stammen von den Mittelmeerinseln Zypern und Kreta und sind ebenfalls rund 4000 bis 4500 Jahre alt (so Altersangaben von Figuren im archäologischen Museum Heraklion bzw. dem Badischen Landesmuseum Karlsruhe) und kurz darauf in Babylonien.

Einer der Gründe für die Erfindung des Berufstandes der Hebammen in Babylonien war übrigens mit großer Wahrscheinlichkeit der Wunsch der frühen Eliten nach mehr Kindern: Indem hochgestellte Frauen ihre Kinder zum Stillen anderen Frauen überließen, konnten sie weit schneller erneut schwanger werden. Heute sind langes Stillen und die dadurch hervorgerufenen Veränderungen des Hormonspiegels als wichtiger natürlicher Faktor der Verhütung erkannt worden (Gruber 1989). Die Beobachtung des Zusammenhangs von Stillen und dem ‚Aussetzen‘ von Fertilität bei den jeweiligen Frauen war vermutlich der Ausgangspunkt für eine gezielte Bevölkerungspolitik in Mesopotamien.

Nun lässt sich sicherlich fragen, warum Hebammen ein Anzeichen für eine problematische Wende der Sozialisationspraxis sein sollen – insbesondere, wenn ihre Erfindung sogar das Ergebnis einer gezielten und offenbar effektiven Maßnahme zur Steigerung der Geburtenzahl (zumindest der Frauen höherer Schichten) gewesen war. Ist es nicht vielmehr sehr plausibel, dass seit jeher Säuglinge von Frauen, die beispielsweise bei oder nach der Geburt starben, von anderen Mitgliedern der Gruppe versorgt wurden? Dass also die Übernahme von Mutterpflichten durch andere Personen keineswegs ein ‚Verstoß‘ gegen basale Sozialisationsbedingungen darstellt?

Die Besonderheit und Neuheit der Situation in Babylonien liegt jedoch beispielsweise daran, dass sich hier ein neuer Berufsstand entwickelt hat. Hier wurde nicht unter verwandten oder sonst sehr eng verbundenen Personen ein Freundschaftsdienst geleistet, sondern eine bezahlte Dienstleistung von Fremden erbracht. Eine solche Situation zieht z.B. das Problem nach sich, dass die

Abb. 4: Siegel der Amme Zamema, ca. 2.200 v. Chr. (Keel 2004: 72)

Zeugnis für die Wende vom geborgenen, getragenen zum distanzierten, liegenden Kind.

Betreuungsaufgabe vorrangig als Arbeit betrachtet wird – und sich damit auch Möglichkeiten des Missbrauchs ‚einschleichen‘ können. Dies aber bedeutet indirekt nichts anders als die Möglichkeit der Institutionalisierung von Isolation in der Kleinkinderziehung. Genau dies spiegelt sich denn auch in den vorhandenen Gesetzesschriften wieder, so im Codex Hammurabi. Dort findet sich im Artikel 194 folgende Verordnung:

> "If a man give [sic!] his child to a nurse and the child die in her hands, but the nurse unbeknown to the father and mother nurse another child, then they shall convict her of having nursed another child without the knowledge of the father and the mother and her breasts shall be cut off." (Codex Hammurabi: Artikel 194, S. 25)

Im Zentrum dieser Regelung steht der sicherlich durch Erfahrung begründete Verdacht, dass die Hebamme heimlich noch zusätzlich weitere Kinder zur Betreuung übernimmt – um entsprechend mehr zu verdienen. Es sind eben nicht ihre Kinder, oder Kinder von Verwandten, sondern Kinder von Fremden. Die Betreuung in einem solchen Dienstrahmen ist Arbeit, mit der man seinen Lebensunterhalt verdient, so dass sich hier existentieller Druck ergibt – und der sich z.B. in der Suche nach einem Mehrverdienst äußert. Ebenso lässt sich auch die Entwicklung und der Gebrauch technischer Hilfsmittel, also der Wiege und des Bandagierens, als Ausdruck des Versuchs sehen, sich die Arbeit zu erleichtern. Eine ganz andere Problematik der Hebammenarbeit ergibt sich u.a. darin, dass das Stillen anderer Kinder häufig mit dem Verbot einhergeht, das eigene Kind zu versorgen. Die Hebamme ‚zahlt‘ damit einen hohen Preis für ihre Arbeitsbereitschaft, die bei einer zu geringen Bezahlung ohne weiteres die Motivation stark verringern mag – und damit auch die Betreuungsleistung verschlechtern wird.

Nun bleibt offen, ob die Androhung drastischer Strafen – im oben zitierten Kodex ist vom Abschneiden der Brüste, als dem Vernichten der ‚Arbeitswerkzeuge‘ der Hebammen die Rede – Erfolg hatte. Ebenso wird in der Literatur von einer erfolgreichen Geburtenpolitik berichtet, denn Babylonien erlebte eine rasche Steigerung der Bevölkerungszahlen (Gruber 1989). Die babylonischen Hebammen haben also sicher keineswegs einen Zusammenhang von Isolationserfahrung und Geburtenrückgang initiiert. Gleichwohl entstand mit der Erfindung des Hebammenstandes und der damit eingeführten Techniken ein grundsätzlich neuer Rahmen der Sozialisationspraxis, der ein revolutionäres, unvorhergesehenes Potential zur Nicht-Erfüllung der ‚alten‘, auf Nähe ausgerichteten basalen Sozialisations-standards in sich trug. Es war von hier ab nur noch ein sehr kleiner, für Außenstehende höchst unauffälliger Schritt zu jener Isolationserfahrung, wie sie oben beschrieben wurde: zum physischen, konkreten Kontaktabbruch. In den kommenden Jahrhunderten wurde von diesen Möglichkeiten zusehends Gebrauch gemacht – und dabei, so der Verdacht, ist die Ursprungsidee einer Förderung von Geburten auf durchaus paradoxe Weise in ihr Gegenteil umgeschlagen.

Von Babylonien in die Welt

Nach der beschriebenen Initiation einer neuen Sozialisationskultur im vorderasiatischen und ägyptischen Raum lässt sich eine Diffusion dieser Praktiken in weite Teile Asiens und nach Europa hinein beobachten.[3] Ein zentraler, auffälliger historischer Entwicklungsweg führt zu uns, nach Europa und zur ‚Moderne‘: Zunächst gelangte die Hebammenkultur in den Mittelmeerraum, in einem ersten Schritt nach Griechenland, bevor es von dort aus in das römische Reich gelangte. Auffälliger Weise hatten, das sei hier angemerkt, sowohl die Spartaner als auch die Römer ein Geburtenproblem, dass in wesentlicher Weise am Untergang der jeweiligen Reiche beteiligt war (Caldwell 2004, Doran 2011). Aus der hier vorgelegten Sichtweise kann diese Parallelität keineswegs ein Zufall sein, sondern ist jetzt, aus der Retrospektive, als Vorläufer unserer heutigen Geburtenproblematik zu betrachten. Von Rom aus gelangte das ‚Hebammenwesen‘ und die zugehörigen Praktiken des Wiegens, Liegens und Bandagierens nach Westeuropa (Spanien, Italien, Großbritannien, Frankreich) und wurde insbesondere in Frankreich im Übergang zur Neuzeit zu einer echten Masseninstitution, insbesondere für die urbane Bevölkerung (Badinter 1985).

Mit der Industrialisierung ab dem 19. Jahrhundert begann dann jene Entwicklung, die zur heutigen modernen, erst europäischen und heute zunehmend globalen Sozialisationskultur geführt hat – und die nach allen Beobachtungen

---

[3] Verschiedentlich und vermutlich unabhängig sind Sozialisationspraktiken, die die Intensität einer auf das Tragen ausgerichteten Erziehungspraxis auflösen, auch in anderen Kulturräumen entstanden, u.a. in China und in den altamerikanischen Kulturen. Darauf kann hier jedoch nicht eingegangen werden. Es ist auffällig, dass es sich immer um komplexe Kulturen mit hoher technischer und sozialer Erfindungskraft handelte.

gerade dabei ist, in endgültiger Weise den Bruch mit der ursprünglichen Sozialisationspraxis des getragenen Kindes zu vollziehen: Nun wird es üblich, die Kinder häufig schon direkt nach der Geburt von der Mutter zu trennen. Babys bekommen immer öfters schon direkt nach der Geburt ein eigenes Kinderzimmer, sie werden zunehmend geschoben oder im Liegen und Sitzen ‚aufbewahrt‘. Direkter Körperkontakt wird selten und zunehmend auf ‚technische Aspekte‘ der Pflege beschränkt – oder Teil von neuartig zelebrierten Augenblicken der intensiven Zuwendung. In vielen Familien sollen Kinder in den frühesten Monaten und Jahren ihres Lebens möglichst viel schlafen, ‚in Ruhe gelassen‘ werden, damit man die aufwändigen Aspekte häuslicher Organisation und beruflicher Arbeit erledigen kann.

Hinzu treten eine Vielzahl anderer Veränderungen, die die heimlichen (nämlich aus Sicht der Erwachsenen unbedeutsamen) Tendenzen der Isolation und der Distanz verstärken: Die immer größere Isolierung der Familien, entsprechend der modernen Arbeitsprozesse, die Trennung von Arbeit und Familie, die Vielzahl technischer Innovationen. Es entsteht so allmählich eine Situation, in der ein Baby und Kleinkind jeden Tag viele Stunden lang alleine – d.h. ohne direkten, fühlbaren Kontakt – verbringt, den Großteil des Tages nur einen Ansprechpartner hat, nämlich die Mutter (Keller 2011: 257), währen der amerikanische Mittelklassevater in den 1970er Jahren auf eine tägliche Interaktionszeit von 37,7 Sekunden kam (Bronfenbrenner 1974: 54). Diese Situation gilt bis heute als mehr oder weniger normal und üblich – und wird von den aufsteigenden Mittelschichten weltweit als Vorbild übernommen.

Die moderne Sozialisationspraxis ist problematisch

Im Überblick zeigt sich: Die Erziehungskultur des ‚getragenen Kindes‘, während der gesamten Menschheitsgeschichte die selbstverständliche Basis unserer Sozialisation, wird in der vergleichsweise kurzen Phase der letzten 5.000 Jahre zunächst allmählich und vereinzelt, seit mehreren Jahrzehnten jedoch rapide und nahezu alle Menschen betreffend immer weiter zurückgedrängt, gerät zunehmend in Vergessenheit. Es ist voraussehbar, dass in nur wenigen Generationen der Großteil der Menschheit seinen Lebensweg mit Erfahrungen beginnt, die auf einen im oben beschriebenen Sinne problematischen Eingriff, auf eine Störung seiner Entwicklung hinauslaufen. Je nach den individuellen und gesellschaftlichen Umständen ist zwar eine große Variationsbreite isolierender Erfahrungen vorhanden, von milden bis hin zu sehr harschen Eingriffen. Insgesamt jedoch ist anzunehmen, dass die neue Sozialisationspraxis immer tiefer und in hochproblematischer Weise in unseren psycho-sozialen Haushalt eingreift und zu elementaren Veränderungen unserer Persönlichkeitsstruktur führen muss.

Der historischen Wandel vom getragenen und liegenden Kind kommt auf einer ersten, oberflächlichen Ebene vielleicht wenig bedeutsam daher. Aus der Perspektive der uns vertrauten, modernen Sozialisation liegt nahe zu fragen: Ist es denn wirklich relevant, ob wir die ersten Monate und Jahren unserer Entwicklung in dieser oder jener Stellung verbringen? Ist es für Babys und Kleinkinder, offensichtlich (oder eigentlich scheinbar) noch in einem Zustand des Dauertraums, ohne bewusste Regung, nicht weitgehend egal, ob sie ein paar Meter entfernt von ihren Betreuern liegen?

Eine derartige Haltung ist jedoch von größter Naivität, so lässt sich jetzt, gestützt auf die Forschungen der Kleinkinder- und Gehirnforschung, mittlerweile mit großer Schärfe urteilen. Die Änderung des Sozialisationsverhaltens in der jüngsten Zeit – selbst 5.000 Jahre sind im Vergleich zur Menschheitsentwicklung praktisch vernachlässigbar – ist vielmehr ein radikaler Wandel, eine Revolution, die von größter Dramatik ist.

Legt man die in den vorangegangenen Kapiteln skizzierten Erkenntnisse zugrunde, so ergibt sich doch folgendes Bild: Wenn bereits die (oben dargestellte) kurzfristige Distanzierung der Kontaktperson eines Säuglings über 30 Minuten hinweg und obwohl diese im gleichen Raum bleibt, als Isolation, als Stress für das Baby gefühlt wird – was muss denn dann die stundenlange, gewohnheitsmäßige Entfernung der Bezugsperson vom Säugling für Folgen haben? Die heutige übliche, normale Sozialisation durch dauerndes Liegen, die eigentlich nahezu dauerhafte Entfernung der Bezugsperson aus dem direkten Kontakt, muss von daher mit großer Sicherheit durch das Kind als Isolation erlebt werden. Sicherlich, es ist keine absolute Isolation wie bei den Harlow'schen Rhesusaffen oder bei jenen unglücklichen Krankenhaus- oder Heimkindern, die weiter oben erwähnt wurden, es sind Sozialkontakte möglich, aber der Säugling muss trotzdem einen Großteil seines frühen Lebens ohne jenes Ausmaß an Sicherheit und Geborgenheit verbringen, wie es ein direkter Kontakt durch das Tragen mit sich bringt. Unser moderner Säugling droht damit ständig auf sozialer und emotionaler Ebene zu verhungern – und oft genug tut er dies auch: man muss sich nur die mannigfaltigen Probleme von Säuglingen und Kleinkindern anschauen, mit denen heute viele Eltern zu kämpfen haben.

Wenn diese heutige Sozialisationspraxis aber irgendwo im Übergangsbereich zwischen einer normalen, die Bedürfnisse nach Kontakt stillenden Betreuung, und einer extremen Isolationspraxis à la Harry Harlow angesiedelt ist, dann müssen aber auch die oben erwähnten Folgen zu erwarten sein, und dies auf allen Ebenen: Angefangen von Änderungen unserer Nerven- und Gehirnstruktur, über unsere physiologischen oder hormonellen Prozesse und bis hin zu massiven Verhaltensschwierigkeiten. Die rezente Veränderung unserer Sozialisationspraxis wäre demnach ein dramatischer Vorgang, die unsere Menschheitsgeschichte in zwei Teile unterscheidet: Die lange Zeit des getragenen Kindes der Vor- und Frühzeit, getragen vom klaren Willen zu eigenen Nachkommen, und die Zeit des liegenden Kindes der Neuzeit, und jetzt insbesondere der globalen Ära, mit seinem Geburtenrückgang ohne äußeren Anlass.

Damit ist ein zentraler Schritt hin zur Erklärung des Geburtenrückgangs als Ergebnis einer falschen Sozialisationspraxis getan: Wenn die heutige, moderne, massenhafte, d.h. uns alle betreffende Betreuungspraxis im Kern problematisch wäre, wenn sie, entgegen aller Erwartung, entgegen aller gängigen Auffassung, tatsächlich und in systematischer Weise im Übergangsbereich hin zu einem dramatischen Isolationserlebnis liegen würde, dann kann gefolgert werden, dass das Isolationsereignis nicht mehr ein Sonderproblem weniger Individuen ist, sondern all jene Gesellschaften betreffen muss, die diese ‚moderne‘ Sozialisationspraxis ausüben.

Somit bleibt als letzter, maßgeblicher Schritt die Aufgabe, die jetzt verfügbare Feststellung einer Isolationspraxis, die breite Bevölkerungsschichten betrifft, mit der Dynamik des Geburtenrückgangs in ein Ursache-Wirkungsverhältnis, in einen kausalen Zusammenhang, zu bringen.

Wie bei allen anderen Schritten in dieser Schrift wären angesichts des Umfangs des sich hier stellenden Problems noch umfangreiche Untersuchungen notwendig, wie sie in diesem auf den Kern des Problems abzielenden Essay nicht möglich sind. Die hier mögliche Argumentation wird darauf beruhen, die schrittweise Einführung unserer modernen Praxis des liegenden Kindes, mit dem historischen Vorgang des Geburtenrückgangs abzugleichen. Müssten sich beide Geschichten, beide historischen Dynamiken – die ständige Verstärkung einer neuen Sozialisationspraxis auf der einen, der Geburtenrückgang auf der anderen Seite – nicht in verblüffender Weise korrelieren, ergänzen, ja bestärken? Und wäre ein solcher Zusammenhang nicht ein wichtiges Argument für die Richtigkeit der hier vorgelegten Hypothese? Damit ist das Vorgehen des nächsten Kapitels skizziert.

Kapitel 6: Sozialisation und Geburtenrückgang I

Es fehlt ein letztes Glied in der hier vorgelegten Argumentationskette. Die Suche nach den Ursachen des Geburtenrückgangs hat in den vorangegangenen Kapiteln in eine überraschende Richtung geführt: Der zunächst theoretische Verdacht einer grundlegenden Störung unseres Nachkommenswunsches hat, gestützt auf das Experiment von Harry Harlow und die Beobachtungen der Entwicklungsforschungen, erheblich an Plausibilität gewonnen. Es konnte der Verdacht formuliert werden, dass scheinbar völlig unterschiedliche Phänomene – eine frühe Isolationserfahrung auf der einen, der Geburtenrückgang auf der anderen Seite – in kausaler Weise verbunden sind. Die schließlich gewonnene Beobachtung eines grundsätzlichen und problematischen Wandels unserer Sozialisationspraxis vom getragenen zum liegenden Kind unterstützt die Hypothese erneut, indem sie zeigt, dass vermutlich ungenügende Sozialisationsbedingungen die frühe Entwicklung eines immer größeren Bevölkerungsanteils prägen müssten.

Damit sind wesentliche Voraussetzungen des genannten Verdachts erfüllt und es steht die entscheidende Aufgabe im Raum: Wie kann gezeigt werden, dass eine problematische Sozialisationspraxis tatsächlich die Ursache des Geburtenrückgangs darstellt? Wie kann herausgearbeitet werden, dass die heutige Normalität der modernen Sozialisationspraxis in Wahrheit zu einer derart massiven Beeinträchtigung grundlegender Entwicklungswege führt, dass unser Nachkommenswunsch gewissermaßen heimlich, unbemerkt und damit gegen unseren Willen unterdrückt wird? Dass damit auch Auffälligkeiten moderner Persönlichkeitsentwicklung im gesellschaftlichen Kontext des Geburtenrückgangs – die Tendenzen zur Selbstfindung, zur späten Reifung, die seltsamen Komplikationen moderner Paarbildung, den Willen zur Unverbindlichkeit, die Betrachtung von Kinder als eine zweitrangige Option – letztlich Ausdruck jener speziellen Sozialisationspraxis sein müssten, die bei den Rhesusaffen zu dem ‚deprivative Unfruchtbarkeit' genannten Phänomen geführt hat?

In diesem und dem folgenden Kapitel wird versucht, diese beiden scheinbar völlig getrennten Phänomene – Sozialisationspraxis auf der einen, Geburtenrückgang auf der anderen Seite – in einem Ursache-Wirkungs-Feld zusammenzubringen. Der einfachste Weg, einen derartigen Zusammenhang aufzuzeigen, ist für mich die Untersuchung ihres historischen Zusammenspiels gewesen: Wenn beide Phänomene tatsächlich etwas miteinander zu tun haben, wenn das eine – eine problematische Betreuungsform – das andere – den Geburtenrückgang – bedingen soll, dann muss erwartet werden, dass sich das auch in der historischen Entwicklung widerspiegelt.

Anders gesagt: Die historische Entwicklung des Geburtenrückgangs, wie sie Eingangs kurz skizziert wurde, müsste mit einer parallelen, aber bislang nicht beachteten, ‚stillen‘ Dynamik hin zu einer modernen, liegenden, Isolation und Distanz erzeugenden modernen Sozialisationspraxis korrelieren. Wobei gleich die Erwartung hinzuzufügen wäre, dass die Einführung problematischer Sozialisationsformen, als kausale Ursache des Geburtenrückgangs, zuerst einsetzt, wohl etwa eine Generation vor dem Beginn des Geburtenrückgangs – da es doch diese erste, geschädigte Generation von Betroffenen sein müsste, von der aus der Geburtenrückgang startet.

Selbstverständlich kann hier, im Rahmen eines auf Prägnanz und Dichte angelegten ‚Memorandums‘, nicht in die Vielfalt der Details vorgedrungen werden. Vielmehr geht darum, auf grundsätzliche Trends zu verweisen. Um die Zusammenhänge zwischen den Veränderungen der Sozialisationspraxis auf der einen und der Geschichte des Geburtenrückgangs auf der anderen Seite zu überprüfen, wird in den folgenden Punkten zunächst immer eine markante Phase des historischen Geburtenrückgangs zum Ausgangspunkt der Betrachtung genommen, um diese dann in Beziehung zur jeweiligen Situation der Sozialisationspraxis zu setzen. Beide Entwicklungen werden also ‚übereinandergelegt‘ – als Hinweis, dass sie kausal miteinander verbunden sein sollten. Dabei geht es nicht darum, bis in die Tiefe hinein zu beweisen und zu argumentieren, da sonst jeder der folgenden Abschnitte vermutlich auf Buchlänge anschwellen würde. Vielmehr sollen sichtbare, große Linien herausgearbeitet werden, die auf die grundsätzlichen Zusammenhänge und Auffälligkeiten hinweisen.

Die frühen Formen des Geburtenrückgangs ab 1600

Frühe Vorformen des modernen Geburtenrückgangs wurden bereits für die Zeit ab 1600 ermittelt, noch vor dem Beginn des Geburtenrückgangs auf Länderebene in Frankreich (ab ca. 1750). Betroffen waren einzelne Schichten und Gruppen in bestimmten Gebieten.

Nach den vorliegenden Forschungen waren vor allem die folgenden vier Gruppen auffällig (Livi-Bacci 1986): (1) Zum einen fanden sich deutliche Hinweise für den Geburtenrückgang unter den aristokratischen oder teilweise auch großbürgerlichen Familien in Spanien, England, Frankreich, Italien, Belgien und der Schweiz, also vor allem in West- und Südeuropa. Darüber hinaus konnte das auffällige Verhalten einer neuartigen Zurückhaltung gegenüber eigenen Nachkommen etwa zeitgleich (2) unter der jüdischen Bevölkerung in West- und Mitteleuropa, (3) in der ungarischen Region Pannonien und (4) im Zusammenhang der Urbanisierung beobachtet werden. Livi-Bacci bezeichnet diese so unterschiedlichen Gruppen als „Taschen" (*pockets*) der Niedrigfertilität (Livi-Bacci 1986: 183), als eine Avantgarde, deren Verhalten vom Rest der Bevölkerung in den kommenden Jahrhunderten übernommen wurde. Auffällig ist, dass der Rückgang in scheinbar völlig unabhängigen Zusammenhängen auftritt.

Untersucht man nun das Sozialisationsverhalten dieser Gruppen, so ergibt sich eine aufregende Feststellung: Sie allen greifen bei der Sozialisation ihrer Kinder auf Hebammen und verschiedene technische Hilfsmittel der Beruhigung (Wiege, Wickeln) zurück, ein Erbe des römischen Reiches und, mittelbar, der frühen Hochkulturen. Am sichtbarsten ist dies bei den west- und südeuropäischen aristokratischen Familien, für die der römische Lebensstil einen wichtigen Maßstab darstellte. Ein Sonderfall sind die jüdischen Gemeinschaften, die den aus Vorderasien mitgebrachten Gebrauch der Hebammen in ihrem jeweiligen Umfeld weiter praktizierten.

Östlich des Rheins hingegen und in Skandinavien waren Hebammen mit den zugehörigen Techniken der distanzierten Betreuung zu dieser Zeit keineswegs üblich – abgesehen von dem jüdischen Bevölkerungsanteil. In Deutschland beispielsweise wurden Hebammen erst im 19. Jahrhundert unter wohlhabenderen Schichten üblich (Fildes 1988). Vielmehr war zu jener Zeit das Tragen, insbesondere von Babys und Kleinkindern weiterhin üblich, als Sozialisationsbrauch, der vermutlich bis in germanische Zeiten zurückgehen dürfte (Neuse 2009).

Für das seltsame Phänomen eines Rückgangs der Geburtenzahlen bei ausgesuchten, scheinbar völlig unzusammenhängenden Gruppen kann damit erstmals eine überraschende, gemeinsame Ursache postuliert werden: Nur jene ausgewählten Gruppen und Regionen waren betroffen, die die römische oder antike Sozialisationspraxis – Hebammen, Wickeln, Wiegen – übernommen hatten oder weiter pflegten. Jene Gruppen und Regionen in Europa aber, denen die römische Lebensweise fremd geblieben war und die eine weitgehend tragende Sozialisationspraxis pflegten, also vor allem die Gebiete östlich des Rheins, waren nicht von Nachwuchssorgen betroffen.

Der Beginn des Geburtenrückgangs in Frankreich um 1750

Der eigentliche Anfang des modernen, bis heute weitergehenden Geburtenrückgangs auf Länderebene lag dann in Frankreich, um 1750. Plötzlich wurden im Durchschnitt und über ein ganzes Land hinweg weniger Kinder geboren, ohne dass man diesen Vorgang einer bestimme Region oder Schicht zuordnen kann. Dieser Vorgang verlief recht langsam und begann von einem hohen Niveau aus (mehr als fünf Geburten pro Frau), so dass er zunächst kaum besonderes Interesse erzeugte. Grob gesprochen bekamen französische Frauen dann pro 50 Jahre durchschnittlich ein Kind weniger, so dass es über 150 Jahre dauerte, bis um 1900 die Geburtenrate bis auf 2,5 abgesunken war (Cummins 2009: 4, Aubry *et al.* 1996: 15, Dittgen 1996).

Erkundet man wiederum die Eigenarten des damaligen Sozialisationsverhaltens in Bezug auf Kleinkinder, legt man also wiederum die ‚Brille‘ des Sozialisationsverhaltens über diese bis heute nicht entschlüsselte Sonderentwicklung Frankreichs, so fällt ein höchst seltsames Phänomen ins Auge. Der Einmaligkeit des Geburtenrückgangs in Frankreich entspricht in auffälliger Weise der einmaligen Sonderentwicklung seines (heute weitgehend vergessenen) Hebammensystems. Im Übergang vom 17. zum 18. Jahrhundert entschieden sich nahezu alle „Schichten der städtischen Bevölkerung“ (Badinter 1985: 47) für die Nutzung von Ammen, vermutlich als Ausdruck einer neuartigen Wirtschaftsweise, aber auch in Nachahmung der prestigereichen Lebensform der Adeligen. Dabei ist ein sofort ein wichtiger Unterschied klarzustellen: Während die Adeligen und das Großbürgertums die Ammen eher zu sich nach Hause holten, so dass also eine ständige Kontrolle der Dienste sichergestellt war, gaben fast alle anderen

Familien ihre Kinder zu Ammen in Pflege, häufig weit entfernt von ihrem Elternhaus. Diese ‚Fernammen‘ waren weit preiswerter, da die Ammen mehrere Kinder betreuen konnten und zudem die Beherbergungskosten entfielen. Dieses Phänomen ist verschiedentlich aufgearbeitet worden und es lohnt sich, einige wesentliche Ergebnisse auszuführen, basierend vor allem auf die bereits o.g. Arbeit von Elisabeth Badinter.

Beeindruckend sind bereits die Zahlen: In Paris (mit ca. damals 800-900.000 Einwohnern) wurden von den jährlich geborenen 21.000 Kinder weniger als 1000 Kinder von ihrer eigenen Mutter und etwa 1000 von einer im Hause lebenden Amme gestellt. Die überwältigende Mehrheit von 19.000 Säuglinge wurde also zu einer Amme in Pflege gegeben. 2000 bis 3000 dieser Kinder von Eltern mit „beachtlichen Einkünften" (*ibd.:* 48) hatten den Vorteil, nahe bei Paris unterzukommen. Alle anderen wurden ‚in die Ferne verbannt‘. Das Phänomen wiederholt sich in vergleichbarer Weise in anderen Städten wie Lyon und auch Kleinstädten. In Lyon wurden nach einem Polizeibericht von den jährlich 6000 Säuglingen nur etwa 1000 zu guten Ammen gebracht, während die anderen „zu lustlosen, armseligen Ammen gesteckt" (ibd.*:* 48) worden sind. Die Verwendung von Ammen ist hier also in den Städten generalisiert und praktisch durchgehend. Anders sieht es auf dem Lande aus: Die Bauern (mit 80% immerhin der bei weitem größte Bevölkerungsanteil) bevorzugen die Betreuung zu Hause.

Die Betreuung durch die Ammen war nun mit vielfältigen Problemen verbunden, die allesamt die Sozialisationsbedingungen als sehr problematisch erscheinen lassen. So war bereits die Wahl des Ammenberufes sehr häufig das Resultat einer Notlage. Es sind Frauen, die kein anderes Auskommen fanden und nur für einen „Hungerlohn" (ibd.: 52) arbeiteten, so dass es sich selbst für wenig begüterte Familien, ja sogar Tagelöhner, lohnte, ein Kind in Pflege zu geben. Die Notlage war so groß, dass manche der Frauen ihr eigenes Kind aussetzen, um gegen Geld ein Kind aus der Stadt zu stillen (ibd.: 52).

Nur begüterte Familien kümmerten sich um eine sorgfältige Auswahl der Ammen. Die Absprachen beim ‚einfachen‘ Volk hingegen waren oft rein willkürlich, ja zufällig. Vielfach, unter ärmeren Leuten, wurden Ammen erst dann gesucht, wenn das Kind bereits geboren ist: Der Vater „wendet sich dann an die Nachbarn, durchstreift die Märkte und Straßen und hält die erstbeste Bäuerin an, ohne sich nach ihrer Gesundheit oder ihrer Milch zu erkundigen, ohne auch nur sicher zu sein, ob sie Milch hat" (ibd.: 93). Außerdem gab es Vermittlungsbüros, die allerdings lange ohne Reglementierung geführt wurden, d.h. die dortigen Koordinatoren konnten die Kinder an beliebige Ammen weitergeben. Weder nannten sie dabei notwendigerweise „der Amme den Namen des Kindes" (ibd.) noch kannte die Familie den Namen der Amme. „Wenn die Vermittlerin verschwindet oder stirbt", so der Polizeidirektor von Lyon, so „sind alle Kinder, für die sie einen Platz besorgt hat, mit ihr verschollen" (ibd.). Es herrschte also eine stupende Gleichgültigkeit. Zu Recht kommt Elisabeth Badinter zum Schluss: „Wenn schon am Anfang eine solche Nachlässigkeit herrscht, kann die Lage der Kinder, die zu einer Amme geschickt werden, natürlich nur katastrophal sein." (ibd.: 94)

Nach der Auswahl der Amme kam der Transport zum zukünftigen Betreuungsort: Kleine Gruppen von fünf, sechs oder mehr Säuglingen wurden gesammelt und auf „Wagen zusammengepfercht" (ibd.: 94), so dass oft nicht einmal Platz für die Amme war. Diese Wagen besaßen oft keine Abdeckung, so dass die Babys allen Wetterbedingungen schutzlos ausgeliefert sind und sogar immer wieder unbemerkt herunterfielen, teilweise überrollt wurden oder einfach spurlos verschwanden. „Ein andermal wurden drei Neugeborene einer alten Frau anvertraut, die angibt, nicht zu wissen, zu wem sie sie bringen soll." (ibd.: 94) Die Notwendigkeit einer Polizeiverordnung von 1773, die vorschreibt, dass der Wagen mit ausreichend frischem Stroh bedeckt, dass der Wagen mit einer Plane gesichert und dass genug Platz für die Amme sein muss, spricht Bände. Je nach Jahreszeit starben fünf bis 15 Prozent der Säuglinge bereits durch den Transport (ibd.: 94).

Die richtige Prüfung der Säuglinge begann aber erst in ihrem neuen Zuhause. Die Ammen, häufig die Ärmsten der Armen, sind ‚vom Elend abgestumpft' und hausten in Löchern, wie eine zeitgenössische Quelle berichtet, der Lyoner Arzt Gilbert im Jahre 1770 (ibd.: 94-96). Viele sind Kleinbauern und waren gezwungen, den größten Teil des Tages auf den Feldern zuzubringen, während die ihnen anvertrauten Kinder in der Hütte verblieben. „Während dieser Zeit", so Gilbert, „ist das Kind völlig sich selbst überlassen; es erstickt in seinen Exkrementen, ist angebunden wie ein Verbrecher und ganz von Mücken zerstochen." (ibd.) Oft waren die Ammen selbst krank und geschwächt. Hatten sie selbst Kinder, so bevorzugten sie angesichts der kärglichen Ressourcen ihre eigenen Kinder und fütterten die Pflegekinder mit Resten. Um die Kinder ruhigzustellen war es gebräuchlich Narkotika zu geben, z.B. Mohnsirup, Opiumtinktur oder Branntwein, so dass manches Kind an einer Überdosis starb.

Die Hygieneverhältnisse waren eine Katstrophe. Die Kinder mussten manchmal Tage „in ihrem Schmutz dahinvegetieren" (ibd.) und es konnten Wochen vorübergehen, bevor man die Kleider oder den Strohsack, auf den der Säugling lag, wechselte. Die Probleme verschlimmerten sich noch einmal, weil die Säuglinge nach ‚alter Weise' gewickelt, d.h. durch Ganzkörperbandagen ruhiggestellt wurden. Gilbert berichtet:

> „Wie oft haben wir, wenn wir die Bänder der Kinder öffneten, entdecken müssen, dass sie über und über mit Exkrementen bedeckt waren, deren stinkende Ausdünstungen hinreichend klarmachte, dass sie schon alt waren; die Haut dieser Unglücklichen war ganz entzündet. Sie waren von Schmutzgeschwüren übersät. Ihr Stöhnen, dass wir bei unserer Ankunft vernahmen, hätte auch das grausamste Herz erweicht; man wird sich ein Bild von ihren Qualen machen, wenn man hört, dass sie sofort Erleichterung spürten, wenn man ihre Bänder löste und sie frei waren… Sie waren überempfindlich, so dass sie durchdringende Schreie ausstießen, wenn man sie ein wenig unsanft berührte. Nicht bei allen Ammen erreicht die Vernachlässigung dieses himmelschreiende Ausmaß. Wir können jedoch versichern, dass es sehr wenige gibt, die so aufmerksam sind, ihre Kinder in einem befriedigenden Zustand der Sauberkeit zu erhalten […]." (ibd.: 96)

Es gibt natürlich, im Gegensatz zu den oben genannten Untersuchungen bei deutschen Heimkindern im 20. Jahrhundert, keine Aufzeichnungen über die Dauer und Art des sozialen Kontaktes. Aber die Schilderungen der äußeren Verhältnisse sind so deutlich, dass es keinen Zweifel geben kann: Schon der technische Kontakt dürfte sich, ähnlich wie in Heimen, vielfach auf ein Minimum beschränkt haben, während positive getönte, affektive Beziehungssituationen wohl eher selten waren. Körperliche, positiv gefärbte Nähe konnte unter diesen Umständen wohl schwerlich aufkommen.

Elisabeth Badinter bemerkt ganz richtig, dass man den Ammen trotz all dieser Grausamkeiten nur bedingt einen Vorwurf machen kann. Denn es waren ja die Eltern, die ihre Kinder preisgaben, die ihre Kinder richtiggehend verrieten. Da die Probleme der Ammenpflege einschließlich der hohen Sterblichkeitsrate gut bekannt waren, ist die „Überlassung des Kindes an eine Amme daher eine verschleierte Kindestötung" (ibd.: 110).

Auf diese Berichte wurde relativ ausführlich eingegangen, weil sie die Problematik der damaligen und heute nur noch Spezialisten bekannten Sozialisationspraxis in Frankreich gut dokumentieren. ‚Liest' man diese Behandlungsformen aus dem Gesichtspunkten der Entwicklungsforschung und der Experimente von Harry Harlow so ist fraglos, dass die Kinder, welche die ersten Jahre unter diesen Umständen überlebt hatten, vielfach in ähnlicher Weise gezeichnet gewesen sein müssen, wie die Rhesusaffen, wie die Hospitalismus- und Heimkinder späterer Zeiten. Außerdem ist es eindeutig, dass es sich bei dem Fernammensystem um eine Massenbewegung handelt, die weite Teile der französischen Gesellschaft betraf. Schließlich fällt auch der Beginn und die weiter Entwicklung des Fernammenwesens ab dem 18. Jahrhundert recht offenkundig mit dem Beginn und der weiteren Entwicklung des Geburtenrückgangs in Frankreich zusammen.

So spricht einiges für einen faszinierenden Verdacht: dass der Beginn des modernen Geburtenrückgangs in Frankreich tatsächlich in einem direkten Zusammenhang mit den aufgezeigten, problematischen Sozialisationspraktiken steht. Erstmals kann damit eine Hypothese zur Erklärung des bislang so rätselhaften französischen (und zugleich des modernen) Geburtenrückgangs ohne Anlass formuliert werden: Die Entwicklung eines Fernammensystems, das isolierende Sozialisationsbedingungen zur Regel machte, indem die normalen Kontaktansprüche von Kleinkindern missachtet wurden, muss als eigentliche Ursache des Geburtenrückgangs in Frankreich angesehen werden.

Kapitel 7: Sozialisation und Geburtenrückgang II

Für fast 200 Jahre war Frankreich ein Sonderfall, ein Außenseiter, als einziges Land mit einem Geburtenrückgang. In fast allen anderen europäischen Staaten zogen die Geburten- und dann auch Bevölkerungszahlen kräftig an. Fast schien der ‚Geburtenknick‘ ein ungewöhnliches, ganz auf Frankreich bezogenes Sonderphänomen zu bleiben, bis im 19. Jahrhundert der Geburtenrückgang auch in anderen Ländern auftrat, sich immer schneller ausbreitete und schließlich zu einem globalen Phänomen wurde. Wiederum soll skizzenhaft der kausale Zusammenhang von neuartiger Sozialisationspraxis, Isolationserfahrung und der neuartigen ‚Abkehr vom Kinde‘ nahegelegt werden.

Der Geburtenrückgang wird zu einem nordamerikanischen und europäischen Phänomen

Um etwa 1820 begann das gleiche Phänomen des französischen Geburtenrückgangs in einem weit davon entfernten Land und Kontinent, in den USA, aufzutreten. Auch hier fiel die Geburtenrate von einem ähnlich hohen Ausgangsniveau ab wie in Frankreich, aber alles ging doppelt so schnell: Bereits um 1900 war in den USA etwa die gleiche Geburtenrate erreicht.

Nun hätte man bis zu diesem Punkt man immer noch meinen können, es handelt sich um unabhängige Sonderentwicklungen dieser beiden Länder. Doch auch dies sollte sich bald ändern. In der zweiten Hälfte des 19. Jahrhunderts wurden in rascher Reihenfolge immer mehr west- und mitteleuropäische Länder von der ‚Epidemie‘ des Geburtenrückgangs ergriffen: England, Italien, Spanien, Portugal, Belgien, die Niederlande – und schließlich auch Deutschland. Spätestens um 1900 war klargeworden, dass sich der Geburtenrückgang zu einem europäisch-amerikanischen Phänomen entwickelt hat. Nach und nach reihten sich nahezu alle europäischen Länder in dieses Muster ein, wobei grob eine Richtung von Süd-West nach Nord-Ost erkennbar war (Coale 1986). Wiederum beschleunigte sich der Vorgang: In Deutschland etwa fiel die Kinderzahl pro Frau jetzt innerhalb von kaum einem halben Jahrhundert um drei, nämlich von etwa 5,5 auf 2,5 Kinder, in Russland von fast 7 Kinder/Frau (!) auf 2 Kinder um 1920, also eine geradezu exponentielle Abnahme, wenn man es am Beispiel Frankreichs misst.

Beginnt man nun erneut diese Entwicklung in einen Zusammenhang mit den Veränderungen der Sozialisationspraxis zu bringen, so lässt sich zunächst ein besonders radikaler Wandel für das 19. Jahrhundert feststellen. In der Essenz, so wird sich gleich zeigen, wurde eine problematische Betreuungsform – die Hebammen, insbesondere das französische Fernammensystem – durch eine neue, ebenso problematische – die industriell-moderne Sozialisationspraxis – abgelöst.

Der Beginn des Geburtenrückgangs in den USA stand wohl noch ganz im Zeichen der dort ebenfalls zunächst intensiv gepflegten Form der Ammen- bzw. Fernammenbetreuung, und der damit verbundenen problematischen Auswirkungen, ähnlich wie in Frankreich (Fildes 1988). Im Zuge der Industrialisierung begann dann aber eine völlig neuartige Entwicklung: Die Betreuung durch Ammen und die Verwendung von Techniken wie das Bandagieren oder Wickeln der Kleinkinder wurde im Zuge des Fortschritts zunehmend als veraltet, als antiquiert betrachtet. U.a. durch die neuen Produktionsmöglichkeiten sicherer Kindernahrung wurde die Amme schließlich obsolet und nach und nach verdrängt. Gleichzeitig entstand ein neues Modell der Sozialisierung: unser noch heute übliches Betreuungsmodell. Je nachdem, wann die Industrialisierung einsetzte, lässt sich zunächst eine ‚wilde‘ Phase beobachten – in Deutschland z.B. zwischen ca. 1850 und 1900 – in der die Anforderungen durch die neuen industriellen Arbeitsbedingungen an die Familien extrem hoch waren, ohne dass diese zunächst durch neue gesellschaftliche Rahmenbedingungen gemildert wurden.

„In zunehmender Weise" (Fildes 1988: 199[4]), so führt die Autorin Valerie Fildes beispielsweise für England aus, „verlangte die Arbeit von Männern und Frauen die Anwesenheit über lange Stunden an einem Ort weg von zu Hause" (ibd.). Frauen konnten daher auch nicht ihre Kinder betreuen oder ihre Säuglinge stillen. Zugleich konnten sie nicht mehr, wie früher, von der Erfahrung der benachbarten oder verwandten Frauen unterschiedlichen Alters profitieren.

---

[4] Übersetzung d. Autor (auch im Folgenden).

„Somit sahen sich viele neue Mütter der Industriestädte mit wenig Erfahrung in Kindererziehung gezwungen, ihre Kinder der indifferenten Betreuung von *baby farmers* zu übergeben, oder von jungen Babysittern, Mädchen, die oft unter 10 Jahre alt waren" (ibd. 199). Ein Arzt teilte seiner Beobachtungen in seiner Zeitung mit folgenden Worten mit: „In Asthon-under-Lyne ist es keine Seltenheit, dass selbst sehr junge Mütter zwei oder drei Wochen nach der Entbindung wieder zu ihrer Arbeit in den Fabriken zurückkehren und ihre hilflosen Nachkommen in der Betreuung von Mädchen oder greisen Frauen lassen." (ibd.; Bericht im Morning Chronicle aus dem Jahr 1849).

Nach und nach wurden diese Missstände thematisiert und allmählich, unter dem wachsenden Druck der neu entstandenen Gewerkschaften und Arbeiterparteien, auch Lösungen gefunden. Zusammen mit dem immer größeren allgemeinen Wohlstand entwickelte sich das neue, ‚moderne‘ Sozialisationsverfahren, dass auf eine historisch einmalige Sicherung der äußeren, physischen Bedürfnisse hinausläuft, wie vor allem Schutz, Nahrung, Kleidung und medizinische Versorgung, und dies wahlweise im Rahmen einer institutionellen Betreuung (z.B. in Frankreich oder den ehemals sozialistischen Ländern) oder zu Hause, nach dem ‚Hausfrauenmodell‘. Gleichzeitig wurde in beispielloser Weise auf Isolierung und Distanzierung gesetzt – ‚Isolierung‘ im oben erläuterten Sinn, nämlich aus der Perspektive des Säuglings und seiner Ansprüche, d.h. als Unterbrechung des direkten Kontaktes.

Dabei lassen sie wiederum zwei Phasen beobachten. Ende des 19. Jahrhunderts bis etwa Mitte des 20. Jahrhunderts wurde unter dem Verweis auf die hygienischen Bedürfnisse, der etwaigen Vorbeugung einer Verwöhnung von Kleinkindern durch zu viel Nähe und einem ganz offensichtlich maschinelltechnischen Verständnis von menschlicher Entwicklung eher radikale Methoden angewendet. In besonders deutlicher Weise kamen sie in staatlichen Betreuungsinstitutionen wie Krankenhäusern oder Heimen zum Ausdruck, wie oben mehrfach beschrieben, doch es ist deutlich erkennbar, dass der zu Grunde gelegte Wissensstand weit in die Gesellschaft hineinstrahlte. War es nicht allzu einfach, sich unter Berufung auf den dominanten Wissensstand der Zeit für eine möglichst bequeme, nämlich isolierende Sozialisationspraxis zu entschließen, die es den Erwachsenen erlaubte, die neu entstehenden Arbeits- und Lebensrhythmen zu praktizieren?

Nach dem zweiten Weltkrieg, unter dem Eindruck der bereits genannten Arbeiten von René Spitz oder Goldfarb, und dann der immer intensiver einsetzenden Entwicklungsforschung, wurden die extremen Formen der isolierenden Sozialisationspraxis allmählich abgeschafft – ein Prozess, der in kleinen Schritten bis heute weiter zu gehen scheint. Weiterhin sieht das dominante, westliche und mittlerweile globalisierte Sozialisationsmodell in aller Regel jedoch vor, dass Babys häufig unmittelbar nach der Geburt von der Mutter getrennt werden. Sie sollen am besten von Anfang an alleine schlafen, häufig sogar in eigenen Kinderzimmern. Den Tag verbringen sie viele Stunden liegend zu Hause, im Kinderwagen oder in Autositzen, während man sich gleichzeitig nur in den relativ kurzen Zeiten echter Wachzeiten intensiv mit den Kindern beschäftigt. In den zentralen Zeiten der ‚Hausfrauenehe‘ im Westen, in den 1950er bis 1970er Jahren, waren die möglichen Kontakte eines Säuglings häufig besonders extrem eingeschränkt: während die Mutter die dominante Kontaktperson war, war bereits der Kontakt zum Vater nur auf wenige Momente täglich beschränkt.

Wie vielfältig und unterschiedlich unsere moderne Sozialisationspraxis im Einzelnen auch sein mag – es kann als sicher angenommen werden, dass sie niemals an die Betreuungsbedingung eines dauernd getragenen Kindes heranreicht. Die Dauer des konkreten, physischen Kontaktes, die Möglichkeit einer ununterbrochenen Verbindung und damit die Grundbedingungen von Nähe, Geborgenheit und Sicherheit sowie einer gelassenen Zuwendung an die Umwelt ist, wie man leicht beobachten kann, außerordentlich geringer im Vergleich zu einem ‚traditionell‘ getragenen Kind.

Wie nun, so wieder die entscheidende Frage, sieht es mit dem zeitlichen Muster beider Phänomene aus – und dem damit möglichen Zusammenhang? Auffällig ist, dass bereits der hier überblickte grobe Entwicklungsrahmen der Industrialisierung eine Abhängigkeit des Geburtenrückgangs vom Zeitpunkt der neu formierten Sozialisationspraxis erkennen lässt. Der moderne Geburtenrückgang setzt offenbar, wie vorausgesagt, in der Regel rund 25 Jahre – eine Generation – nach der Einführung neuer problematischer Sozialisationsbedingungen ein, d.h. der ‚Knick‘ beginnt dann spürbar zu werden, wenn die erste Generation der so problematisch herangewachsenen Individuen in das Erwachsenenalter kommt. In England, wo die Industrialisierung in der ersten Hälfte des 19. Jahrhunderts massiv einsetzte, ist der Geburtenrückgang ab ca. 1860 nachweisbar. In Deutschland begann die Industrialisierung erst nach 1850 Fuß zu fassen und hier beginnt der Geburtenrückgang erstmals um 1880. Ähnliches scheint für all die anderen europäischen Länder gelten, so unterschiedlich sich auch die jeweilige Entwicklung darstellt: immer finden sich Hinweise auf die (problematische) Neugestaltung der Sozialisationspraxis, als Vorreiter eines dann einige Jahre später eintretenden Geburtenrückgangs.

Anhand der Industrialisierungsentwicklung zeigt sich darüber hinaus, dass der Geburtenrückgang nicht nur von einer einzigen Form problematischer Sozialisationspraxis verursacht wurde, sondern dass ganz unterschiedliche Formen daran beteiligt waren. Die frühe Phase des Geburtenrückgangs. ab 1600 bis ca. 1850 wurde, so kann festgestellt werden, durch das Ammen- bzw. Fernammensystem verursacht. Der Geburtenrückgang ab 1850 hingegen wurde durch ein völlig anderes Betreuungssystem, die industriell-moderne Sozialisationspraxis, erzwungen. Auch wenn der Geburtenrückgang im historischen Rückgang eine geschlossene Entwicklung ist, so liegen ihm vermutlich kausal zwei völlig unterschiedliche Sozialisationssysteme zu Grunde – die nur gemeinsam hatten, dass sie Isolation und Deprivation erzeugten.

Der ‚Sprung‘ nach Ostasien – der Geburtenrückgang in Japan

In den ersten Jahrzehnten des 20. Jahrhunderts konnte man noch mit einiger Berechtigung die Meinung vertreten, dass es sich um eine rein europäische Angelegenheit handelte, um eine Art ‚Krankheit‘ des weißen Mannes, oder, je nach Sichtweise, auch als Ausdruck des Fortschritts, der Moderne, der neuartigen ‚Zivilisiertheit‘. Diese Meinung konnte auch dadurch untermauert werden, dass ausgerechnet einige europäisch geprägte Dependenzen, wie sie im Zeitalter des Imperialismus entstanden waren, anfingen, diesen Trend zu folgen. So ist insbesondere Australien zu nennen, in dem sich spätestens um 1920 ein Rückgang der Geborenenzahlen bemerkbar machte. Der Geburtenrückgang war zwar bereits zu dieser Zeit ein weltweites Phänomen, das mindestens auf drei Kontinenten auftrat (Europa, Nordamerika, Australien), aber eben offenbar eng an die Europäer und europäische Lebensweise gebunden.

Im Laufe der ersten Hälfte des 20. Jahrhundert ging der Geburtenrückgang jedoch wiederum in eine neue Phase: Nun wurde die bisher so deutliche Verbindung zwischen Europa bzw. dem ‚Westen‘ und dem Geburtenrückgang obsolet. In einem dritten großen Schritt (nach Frankreich sowie dem amerikanischeuropäischen Geburtenrückgang) begann der Geburtenrückgang jetzt erstmals und unübersehbar in Regionen Fuß zu fassen, die *außerhalb* eines dominanten europäischen Einflusses standen: Der Geburtenrückgang hielt jetzt insbesondere Einzug in den ostasiatischen Ländern Japan und Korea. Im Weiteren soll besonders der japanische Veränderungsprozess thematisiert werden.

Zwar begann sich die problematische Entwicklung zumindest in Japan bereits zwischen 1920 und 1930 anzudeuten, doch wurde sie erst in der Nachkriegszeit wirklich erkennbar. Diesmal stürzten die Geburtenzahlen in geradezu beispielloser Weise ab. Sie sanken in Japan innerhalb von kaum mehr als 10 Jahren von 4,5 auf nur 2 Kinder. Bis heute gehört Japan zu den (negativen) Spitzenreitern der Niedrigst-Geburtenraten mit weniger als 1,5 Kindern/Frau (Retherford und Naohiro Ogawa 2005: 2).

Wiederum kann auch für Japan ein kausaler Zusammenhang von neuen Sozialisationsbedingungen und Geburtenrückgang plausibel hergestellt werden. Sie ist auch die einzige Erklärungsmöglichkeit für die Tatsache, dass von allen asiatischen Ländern gerade jene vom Geburtenrückgang betroffen sind, die mit den neuen Industrialisierungsmethoden, fast unbemerkt, auch neuartige Betreuungsformen entwickelten. Zwei zentrale Wendepunkte sind hier für Japan zu nennen: Zum einen die Herrschaftsphase des Kaisers Meiji (1868-1912), die als eigentlicher Beginn des Wandels von einem feudal organisierten Agrarstaat zu einem Industriestaat beschrieben wird, wobei sich die neuen Produktionsformen und die neuartige Urbanisierung noch auf wenige Distrikte beschränkten. Zum zweiten die Ausweitung und extreme Intensivierung des Wandels in der Phase direkt nach dem zweiten Weltkrieg.

Ein Blick auf die zeitliche Entwicklung zeigt, dass auch hier der Geburtenrückgang jeweils um zwei bis drei Jahrzehnte nach dem Beginn des Modernisierungsgeschehens und der neuen Betreuungsmethoden einsetzte. Der Beginn des Geburtenrückgangs um 1920 wurde durch jene Generationen markiert, die ab der Meiji-Ära sozialisiert wurden, insbesondere in der Zeit ab ca. 1890. Mit dem Übergang von der zweiten zur dritten Elterngeneration, als für die um 1930 geborenen Japaner, ergibt sich zwar eine vorübergehende ‚Widerstandslinie‘ des Geburtenrückgangs zwischen 1957 und 1973, die sich jedoch angesichts der frenetischen Modernisierungstendenzen nicht durchsetzen konnte.

Der Fall ‚Japan‘ ist auch deswegen interessant, weil bis zum Beginn der Meiji-Ära die konkrete Nähe zwischen Baby oder Kleinkind und Betreuungsperson, meist die Mutter, gegeben war. Bis Anfang des 20. Jahrhunderts wurde Säuglinge nahezu ununterbrochen getragen, es schlief auch nachts bei seiner Mutter usw. – und in einigen Darstellungen wird bis heute das japanische Erziehungssystem als Gegensatz zu den amerikanischen bzw. westlichen Vorstellungen herausgestellt (z.B. Hendry 1986: 98). Dabei zeigt eine genauere Lektüre in Wahrheit, dass dieses System deutlich degradiert ist und wesentliche Teile der ‚alten‘ Betreuungsvorstellungen heute nicht mehr funktionieren bzw. sich längst aufgelöst haben. Aber schon in der bäuerlichen Welt und im Rahmen der führen Industrialisierung galten die Idealvorstellungen der Kleinkindbetreuung keineswegs für die arbeitende Bevölkerung. So hinterfragt Jolivet (1993: 156) das Idealbild der Meiji-Mütter mit der Darstellung des Ethnologen Ofuji Yuki über die Problematik der Kinderbetreuung im Kontext landwirtschaftlicher Tätigkeiten:

> „Noch wenn die Kinder ganz klein sind, werden sie mit dem Alleinsein konfrontiert. Sie müssen lernen, ohne die Mutter auszukommen, wenn sie auf den Feldern arbeitete. Solange das Baby noch klein ist, nahm sie es in einem Korb mit, aber sobald das Stillen nicht mehr nötig war blieb es bei seiner Großmutter oder ganz alleine, um ihre Rückkehr abzuwarten. ‚Die Kinder mochten noch so sehr schreien oder weinen, niemand war da um sie zu trösten und es war nicht selten, dass sie bis zur völligen Erschöpfung weinten‘ schrieb er [Yuki], wobei er unterstrich, dass dies niemanden störte: es war die Arbeit der Säuglinge zu weinen.“[5]

Diese Passage erinnert an den ‚alten‘ Umgang mit Kleinkindern im ländlichen Deutschland und Europa, einschließlich des mir gegenüber noch häufig benannte Euphemismus, dass es gut ist, wenn die Babys weinen und schreien, weil sie ‚dadurch ihre Lungen üben‘.

Aber nicht nur die Landwirtschaft, sondern auch die aufkommende Industrieproduktion führte zu eklatanten Problemen einer Versorgung der Kleinkinder, ähnlich wie in Europa. Jolivet führt das Beispiel „der Minenarbeiter aus Kyûshû an, deren Frauen, ob schwanger oder nicht, sie bis auf den Grund der Stollen begleiteten.“ (ibd.). Die Babys wurden teilweise am Eingang der Stollen

---

[5] Übersetzung d. Autor (auch im Weiteren).

für eine kleine Summe abgegeben. Die Frauen versuchten dann heimlich während der Arbeit zu ihren Kindern zu gehen, um sie stillen – immer der Gefahr ausgesetzt, für diese Überschreitung der Regeln geschlagen zu werden. Andere nahmen die Babys heimlich in einem Korb mit, den sie an einem Stützbalken aufhängten. Bei kurzen Arbeitsunterbrechungen wurde dem Baby die Brust gegeben, doch ansonsten blieben die Kinder alleine: „Wenn die Kinder zu krabbeln begann, setzten sich die Kinder allen Arten von Gefahren aus [...]." (ibd.: 156f.)

Es ist wohl unübersehbar, dass Japan spätestens ab dem Beginn der Meiji-Ära ein ganz ähnlicher Zusammenhang wirksam wurde, wie in Europa: Von vielen Seiten wuchs der Druck hinsichtlich eines immer ‚rationaleren' Umgangs mit Kleinkindern, d.h. einer immer größeren Tendenz der Auftrennung der engen Verbindung von Kind und Betreuungsperson in den ersten Lebensjahren.

Die Globalisierung des Geburtenrückgangs

Ab 1970 begann nun die bis auf weiteres letzte Phase: Der Geburtenrückgang wurde zu einer weltweiten, globalen Erscheinung. Am einfachsten lässt sich dies an der weltweiten Geburtenrate ablesen, die in vier Jahrzehnten von 5,8 auf 2,4 Kinder/Frau sank (United Nations 2013). Der Rückgang der Geburtenraten hat nun praktisch alle Länder erfasst. Nur noch sechs Länder, davon fünf in Afrika, sind noch nicht vom ‚Virus' des Geburtenrückgangs erfasst.

Die neueste Phase der Globalisierung des Geburtenrückgangs bedeutet, dass nun praktische alle Länder, Gesellschaften, Bevölkerungsgruppen und Kulturen sich einem gemeinsamen Prozess unterordnen, so verschieden sie auch sind. Außerdem fällt auf, dass das Tempo des Geburtenrückgangs im Vergleich zu den vorangegangenen Phasen noch einmal zugelegt hat, zumindest für einige extreme Fälle. Wie oben bereits erwähnt benötigte Frankreich noch gut 150 Jahre, damit die Geburtenrate von etwa 5,5 auf 2,5 absank, USA etwa 80 Jahre und Deutschland noch etwa 40 Jahre für eine in etwa vergleichbare Entwicklung. Diese Beschleunigung nahm im Rahmen der globalen Dynamik noch einmal zu: Im Iran bekamen Frauen noch 1985 im Durchschnitt etwa 7 Kinder. 2006, also nur 21 Jahre später, waren es dann aber nur noch 1,9 Kinder, was einen spektakulären Rückgang von 2,4 Kinder *je Dekade* entspricht (ibd.: 6) – also rund 10 Mal so schnell wie ursprünglich in Frankreich. Gleichzeitig lässt sich jedoch auch feststellen, dass in einer ganzen Reihe von Ländern die Entwicklung zwar begonnen hat, aber (noch?) sehr langsam abläuft. Es sind die sogenannten ‚am wenigsten entwickelten Länder‘, eine Kategorie zu der die meisten Staaten Afrikas, aber auch große Teile Südasiens oder Ozeaniens gehören.

Die Entwicklung wird heute vage als Resultat des weltweit laufenden Modernisierungsprozesses angesehen, als Ergebnis einer höheren Bildung oder einer Verschiebung des Heiratsalters etwa. Aber derartige Argumentationen können den zentralen Widerspruch nicht aus den Weg räumen: Warum sollte die Geburtenrate denn gerade dann paradoxerweise sinken, wenn die äußeren Lebensumstände immer besser werden? Warum sollten die Menschen gerade dann weniger Kinder haben wollen, wenn ein historisch einmaliger Wohlstand erreicht ist? Und warum sollte sogar, wie manche behaupten, der Wohlstand selbst plötzlich ein Grund sein, weniger Kinder zu wollen?

Erst wenn man den Zusammenhang zwischen der globalen Expansion einer neuartigen, problematischen Sozialisationspraxis und der fallenden Geburtenrate herstellt, ergibt sich ein Sinn: Nicht der Modernisierungsprozess an sich und seine äußeren Begleiterscheinungen wie höhere Bildung sind die Ursache des Abschieds vom Kinde, sondern die kaum beachtete Ausbreitung einer neuartigen Betreuungs- und Erziehungsform, die, in vielen Varianten, immer wieder auf eines hinausläuft: auf eine Auflösung jenes engen, körpernahen Miteinanders von Säugling und Betreuungsperson, auf die wir Menschen für unsere gesunde Entwicklung elementar angewiesen sind, und daher auf die Erzeugung einer höchst problematischen, häufig traumatischen Isolation und Distanzierung.

Dabei bedeutet der hier dargestellte Zusammenhang übrigens keineswegs, dass Modernisierung und Globalisierung nicht etwa mit einer angemessenen Sozialisationspraxis zusammenpassen. Sie sind keineswegs notwendigerweise Gegensätze und es wäre sicherlich völlig falsch, nun etwa einer regressiven, rückwärtsgewandten Gesellschaftsvision zu verfallen, wie es bei manchen Bevölkerungsteilen – aus einem vermutlich durchaus richtigen Gefühl der Bedrohung heraus – neuerdings Mode zu werden beginnt. Vielmehr lassen sich die Grundbedingungen einer angemessenen Sozialisationspraxis sehr wohl und relativ einfach mit dem uns wichtigen Gesellschaftsmodell einer freiheitlichen, auf technologische Entwicklung angelegten, offenen Demokratie verbinden. Doch dies ist erst weiter unten das Thema.

Es hat sich jedenfalls gezeigt: Der Versuch, die Geschichte von Geburtenrückgang und Sozialisationspraxis als miteinander verbundenes Ereignis zu lesen, ergibt Sinn, so grob die hier dargelegte Übersicht auch bleiben musste. Ein völlig neuer und überraschender Erkenntnishorizont konnte ausgearbeitet werden: Es besteht, so wird prognostiziert, ein ursächlicher Zusammenhang zwischen den zwei genannten, scheinbar ganz unabhängigen Phänomenen. Der Erkenntnisgewinn ist dabei immens. Für eine ganze Reihe alter demographischer Rätsel sind auf einmal elegante Lösungen sichtbar: Es kann jetzt erklärt werden, warum bestimmte Vorläufergruppen um 1600 am Beginn des modernen Geburtenrückgangs stehen, warum der Geburtenrückgang dann auf Länderebene in Frankreich einsetzte, warum er sich von einem europäischen zu einem globalen Prozess entwickelte. Während man bisher relativ hilflos beispielsweise mit äußeren Faktoren, dem bewussten Entscheidungsverhalten der modernen Eltern oder scheinbar unausweichlichen gesellschaftlichen Veränderungen argumentierte, bietet sich nun die Möglichkeit, die vielfältigen Wiedersprüche des ‚alten‘ demographischen Diskurses aufzulösen und die Entwicklung des Geburtenrückgangs völlig neu zu schreiben.

Jetzt, nachdem der lange Weg von den Isolationsexperimenten von Harry Harlow bis zu dem prognostizierten Zusammenspiel von Sozialisationspraxis und Geburtenrückgang zurückgelegt wurde, ist es an der Zeit, die zentrale These zur Erklärung des ‚Geburtenknicks‘ zu formulieren.

Kapitel 8: Die These: Sozialisation, Isolation und Geburtenrate

Und wenn alles *doch* ganz anderes wäre? Wenn es einen Grund gäbe, eine präzise benennbare Ursache, für den so merkwürdigen, so unerklärbaren Rückgang der Geburten in immer mehr Gesellschaften? Wenn der Geburtenrückgang eben kein Naturgesetz wäre, wenn man mehr tun könnte, als seine Folgen mechanisch-technokratisch abzuarbeiten? Wenn wir, wenn die betroffenen Gesellschaften und Länder, ausgehend von der Einsicht in die tieferen Ursachen dieses scheinbar geheimnisvollen Phänomens in aktiver Weise eingreifen könnten? So war zu Beginn dieses Memorandums gefragt worden.

In den vorangegangenen Kapiteln war ein derartiger Grund herausgearbeitet worden:

Die entscheidende Ursache für den Geburtenrückgang findet sich, so kann jetzt mit guten Gründen prognostiziert werden, an einem scheinbar höchst extravaganten Ort: in uns selbst. Es besteht ein kausaler Zusammenhang von einer historisch neu entstandenen, einzigartigen und zugleich höchst problematischen Sozialisationspraxis, den dadurch initiierten Veränderungen von Grundelementen unserer Persönlichkeit und dem Verlust unseres Nachkommenswunsches. Im Kern handelt es sich um eine dramatischen Einbuße der Erfahrung von Nähe, um Isolation, die zu einer grundsätzlichen Störung des normalen Entwicklungsvorgangs führt. Einer der – vielen – Folgen dieses Eingriffs ist die Dämpfung und Überlagerung des natürlichen Wunsches nach Kindern, mit der Folge des Geburtenrückgangs.

Dieser Zusammenhang von Sozialisationserfahrung und Geburtenrate mag ungewöhnlich, mag zunächst sehr seltsam anmuten, als ob man zwei grundverschiedene Phänomene zu verbinden sucht. Und natürlich: Eine so neue Logik der Dinge gilt es erst einmal zu akzeptieren. Es hat auch eine Zeit gebraucht, bis man im christlichen Abendland akzeptierte, dass die Erde keine Scheibe ist.

Ein naheliegender Zusammenhang

In Wahrheit allerdings, geht man unserem Leben, unseren Wesen, auf den Grund, ist der vorausgesagte Zusammenhang doch überaus naheliegend. Er beruht auf einem systematischen Verständnis und einer nur konsequenten Ausdeutung unseres menschlichen Seins, wie er in den neuesten Ergebnissen der Entwicklungsforschung so überzeugend hervortritt. Die Experimente von Harry Harlow haben gezeigt, dass ein Zusammenhang von isolierender, von gestörter Sozialisation, einerseits, und dem Geburtenrückgang, andererseits, grundsätzlich bestehen kann. Die neuesten Erkenntnisse von Hirn- und Entwicklungsforschung beweisen darüber hinaus, wie traumatisch und tief Stresserfahrungen sein können, insbesondere jene, die durch Isolation entstehen, wie tief sie in unsere physischen, psychischen und sozialen Strukturen eingreifen, und was genau Babys und Kleinkinder als Isolation empfinden – warum sollte man jetzt nicht eins und eins zusammenzählen dürfen? Das oben skizzierte Beweisverfahren, dass das historische Zusammenspiel von Veränderungen unserer Sozialisationspraxis und den dadurch initiierten Dynamiken des Geburtenrückgangs erforschte, machte immer wieder deutlich, dass die formulierte Hypothese tragfähig ist. Dass die Erfahrung von Isolation jene Störung, jener ‚Stachel‘ ist, der die davon Betroffenen in eine andere Welt drängt, in eine Welt nämlich mit weniger oder keinen Kindern.

Die enorme Bedeutung, die frühe Sozialisationserfahrungen – oder eben auch Nicht-Erfahrungen – auf allen Ebenen unseres Körpers und damit auch für unsere Persönlichkeitsentwicklung haben, ist in ihrem gesamten Ausmaß noch nicht zum Allgemeingut geworden, abgesehen von Plattitüden. Wer die Erkenntnisse der neueren Gehirn-, Verhaltens-, Kleinkind- oder Traumaforschung jedoch ernst nimmt, der muss anerkennen, dass problematische Sozialisationsbedingungen – also insbesondere Isolationserfahrungen – uns Menschen in unserer Gesamtheit, auf physischer und psychischer Ebene zugleich, verändern. Und er muss akzeptieren, dies zeigen die Forschungen deutlich, dass unsere heutige erwachsene Bewertung, wann ‚Isolation‘ beginnt, nicht mit der Perspektive von Babys übereinstimmt. Während es für uns heute völlig normal und unbedenklich ist, dass Babys den Hauptteil ihrer Zeit liegend oder sitzend verbringen, ohne direkten, körperlichen Kontakt mit ihren Betreuern, ist aus der Sicht von Babys jede Entfernung aus der konkreten, physischen Nähe eine potentiell problematische Erfahrung, die offenbar ungemein schnell in Stress und damit in eine Isolationserfahrung umschlagen kann. Sie ist sogar, und dieses Wort ist keineswegs zu stark, für Kleinkinder der blanke Terror, entsprechend der gewaltigen Angsterlebnisse bis hin zur Todesangst, die in ihnen ausgelöst werden. Insoweit ist es nicht seltsam, sondern folgerichtig, dass die heutige moderne und unvollständige Sozialisationspraxis als hauptverdächtige Ursache, als Auslöser, für den Geburtenrückgang betrachtet werden muss. Sie führt ganz konsequent zu einer komplexen Entwicklungsverzögerung und -veränderung, durch die unser Nachkommenswunsch schließlich blockiert wird, ganz ähnlich wie bei den Rhesusaffen.

Erstaunlich ist doch vielmehr, hat man so die Augen geöffnet, das Andere: Dass man über Jahrzehnte, ja Jahrhunderte, den Geburtenrückgang immer nur durch rein demographische Analysen beizukommen versuchte. Dass man sich die unendlichen Mühen der statistisch-demographischen Datenaufnahmen machte, dass man immer nur beschreibend vorging und so tat, als hätten wir selbst, wir Menschen, mit dieser ganzen Entwicklung nichts zu tun – obgleich wir gleichzeitig und unausweichlich doch selbst Teil dieses Geschehens sind. Dass wir, und auch die Wissenschaftler, mit großer Hartnäckigkeit bis heute meinen, dass man dem Phänomen des Geburtenrückgangs, diesem seltsamen Verzicht auf eigene Kinder, auf die eigene Fertilität, nur phänomenologisch, beschreibend, beikommen kann, als ob er uns nichts anginge, obgleich wir doch einen unüberbiethbaren Zugang zu uns selbst besitzen. Noch einmal: Es kann doch gar nicht anders sein. Der Geburtenrückgang ‚ohne äußerlich erkennbaren Grund‘ kann nur einen Grund haben – eine Veränderung unserer innersten Zusammenhänge.

Ein Befund großer Tragik

Der vorgeführte Befund ist nun von außerordentlich großer Dramatik und Tragweise. Er ist von hoher Dramatik, weil wir offenbar einen selbstschädigenden Vorgang entwickelt und kultiviert haben – und gleichzeitig keinen Zugang dazu besitzen. Wir haben eine neuartige Sozialisationspraxis entwickelt, die die über sie geprägten Individuen mit großer Wahrscheinlichkeit auf subtile Weise traumatisiert und terrorisiert. Die in großer Variabilität, in Abhängigkeit von einer Vielzahl von Rahmenbedingungen, tief in die persönliche Entwicklungsdynamik eingreift. Die so geschaffenen Probleme begleiten die davon betroffenen Personen, also auch uns, offenbar viele Jahre und Jahrzehnte. Sie machen die Betroffenen, viele von uns, letztlich, in verschiedener Sicht zu unfreien Menschen, weil sie ‚ungefragt‘ in ein Verhalten hineingezwungen werden, dass sie so keineswegs wollten. Indem nämlich die problematische Prägung in der Frühzeit unseres Lebens erfolgte, vor der Entstehung eines erwachsenen, zugänglichen Bewusstseins, vor aller Erinnerung, hatten und haben wir praktisch keine Chance, die dadurch geschaffenen Zusammenhänge zu verstehen. Die Betroffenen sind ihnen hilflos ausgeliefert, so dass uns ein großes, tragisches Geheimnis zu ‚umwehen‘ scheint. Es ist, nebenbei gesagt, von daher kein Zufall, dass beispielsweise gerade in der westlichen Welt die Themen einer geheimen Kontrolle des Individuums, mehrfache Existenzebenen und virtuelle Lebenswelten in Filmen immer wieder aufgegriffen wird.

Noch einmal: Wenn der Befund einer tiefgreifenden Störung durch unsere neuartige Sozialisationspraxis richtig ist, dann bedeutet dies doch, dass wir uns selbst – über unsere Kinder – terrorisieren und misshandeln. Dass wir Menschen uns selbst in dramatischer, in tiefgreifender Weise schädigen, und dies unter dem ‚Deckmantel‘ bestmöglicher Betreuung. Dass, während wir doch meinen, alles für unsere Kinder zu tun, wir ihnen aber gleichzeitig ein substantielles Gut vorenthalten – Nähe, Sicherheit, Geborgenheit, als elementare Voraussetzung für eine normale Entwicklung. Das ist eine Aussage größter Dramatik und Tragik für jedes davon betroffene Individuum – und für die Gesellschaft, die dieses System praktiziert. Die betroffenen Individuen werden einen persönlichen Leidensweg unterworfen, aus denen sie, angesichts der nicht greifbaren Ursachen, vielfach keinen Ausweg finden und der letztlich Unfreiheit bedeutet – während, und das ist sehr bezeichnend, die äußerlichen Strukturen gesellschaftlicher Freiheit mit immer größerer Dynamik und immer größeren Nachdruck ausgebaut werden. Vermutlich als Ersatz für die so bittere Erfahrung innerer Knechtschaft.

Wir isolierten Rhesusaffen

Einer der durch die neue Sozialisationspraxis erzwungenen Aspekte der inneren Unfreiheit ist, dass wir unseren Nachkommenswunsch zu einem großen Teil verlieren, oder dass wir lange Zeit brauchen, ihn im Laufe unserer Lebensentwicklung zurückzugewinnen. Die Freundinnen meiner Frau meinen, sie hätten rational und ganz persönlich entschieden, wenn sie sich über Jahre und

Jahrzehnte sagten, dass die richtige Zeit für ein Kind für sie nicht gekommen sei. Doch in Wahrheit war dies eine rhetorische Formel, eine Illusion. Sie waren gefangen in all den scheinbar so ‚modernen‘ und üblich gewordenen Problemen der Paarsuche und -findung, in all den rationalen Projekten der Ausbildung, der Karriere, der Selbstentdeckung und -befreiung, die doch insgeheim, mit Bezug auf die ‚Kinderfrage‘, nur Ausdruck eines massiven inneren Problems sind: der Notwendigkeit, mit der geheimen Wirkung der frühen Entwicklungsstörung, dem geheimnisvollen Gift in unserem Inneren, irgendwie zu leben. Und dann noch mit all den anderen Menschen, denen es genauso ergeht. All diese Probleme und Hindernisse sind bei genauerer Sicht doch wohl nichts anderes, als das kulturelle Pedant zur ‚deprivativen Unfruchtbarkeit‘ der Harlow'schen Rhesusaffen.

Wir müssen uns eingestehen, so bedauerlich es ist, so peinlich es vielleicht auch ist, dass all diejenigen, die in den Bannkreis einer traumatischen Isolation geschlagen sind, und dass ist ein zunehmender Bevölkerungsanteil, in einigen wichtigen Lebensentscheidungen – und offenbar speziell, was die Entscheidung über unseren Nachwuchs angeht – kaum anders reagieren, als die armen Rhesusaffen von Harry Harlow. Wie die gestörten Rhesusaffen bekommen wir keine Kinder – nicht etwa, so muss jetzt konstatiert werden, weil wir eine echte, erwachsene Entscheidung fällen, sondern weil wir den lebendigen Drang dazu verloren haben, weil wir keinen Zugang mehr dazu besitzen, weil er durch die Isolationserfahrung ‚zugeschüttet‘ worden ist, weil wir nun, koste es was es wolle, erst all die Probleme lösen müssen, die durch diesen nicht vorgesehenen Entwicklungsweg in uns entstanden sind. Wir sind ‚Unvollendete‘ und tragen in uns das nagende Bewusstsein, dass uns ‚etwas‘ fehlt, ein ‚etwas‘, was uns mit größter Dringlichkeit zwingt, uns auf eine oftmals höchst unklare Suche zu machen, um ‚Heilung‘ zu finden, eine Suche, die von so existentieller Notwendigkeit für uns ist, dass wir bereit sind, alles andere darüber zurückzustellen, dass selbst der Wunsch nach Kindern unwesentlich wird, warten muss, bis wir ‚bereit‘ dafür sind, wie wir heute gerne sagen. Warum wohl, so darf hier beispielhaft eingeworfen werden, ist alleine in den letzten 10 Jahren die Zahl der psychischen Erkrankungen junger Deutsche um 38% gestiegen, in einem der reichsten und sichersten Länder der Welt? (Tagesschau.de, 23.02.2018) Erst wenn sich, nach einigen ‚Achterbahnfahrten‘, in den 30er oder 40er Jahren unseres Lebens ein gewisses inneres Gleichgewicht einzustellen beginnt, wenn wir unserer Vergänglichkeit bewusster werden, dann bricht der Wunsch nach Kindern bei einigen noch einmal Bahn.

Von der Diagnose zu einer neuen gesellschaftspolitischen Aufgabe

Erstmals ist mit der hier vorgeschlagenen Hypothese eine echte Erklärung des Geburtenrückgangs verfügbar, eine echte Antwort auf die Frage nach dem ‚Warum?‘, eine echte Diagnose, welche es erlaubt, die historische Dynamik des demographischen Wandels in einen kausalen Zusammenhang einzubetten: Mit der Erfindung des ‚liegenden‘ Kindes vor rund 5.000 Jahren und dem erstmaligen Bruch mit dem ‚getragen‘ Kind, zunächst nur im Rahmen einer relativ kleinen Bevölkerung, ist eine völlig neue Sozialisationspraxis entstanden, die ebenso neuartige Persönlichkeiten hervorbringt. Diese neuartige Kultur der Betreuung hat sich lange Zeit relativ diskret und im Verborgenen entwickelt, als Sonderform im Rahmen der weiterhin dominierenden Betreuungsform des Tragens, bis sich in der westlichen Welt, im Rahmen des besonderen Kontextes der Industrialisierung, ein selbstverstärkende Dynamik der isolierenden Sozialisationspraxis einstellte. Schließlich wurden jene Grenzen der Belastung erreicht und überschritten, die den Nachkommenswunsch betrafen – und die in der Folge zum Geburtenrückgang führten. Der historische Prozess der Modernisierung und Globalisierung führt gerade, in diesem Moment, dazu, dass sich das Sozialisationsmodell des liegenden Kindes weltweit durchsetzt – und damit zugleich auch der globale Geburtenrückgang initiiert wird. Gerade sind wir dabei, die letzten Bastionen des ‚getragenen Kindes‘ und ihrer Welterfahrung zu ‚schleifen‘.

Auf dieser Erkenntnis des kausalen Zusammenhangs von defizitärer Sozialisation und Geburtenrückgang aufbauend kann nun auch, im folgenden zweiten Hauptteil, die Frage geeigneter Gegenmaßnahmen mit großer Deutlichkeit und Präzision beantwortet werden. Zugleich wird sich zeigen, dass der vorgeführte Befund auch ein völlig neues und letztlich *das* zentrale Argument beinhaltet, warum der Geburtenrückgang keineswegs egal ist. Warum man sich eben nicht zurücklehnen kann, bloß weil man den Bevölkerungsrückgang zahlenmäßig (und vermutlich vorübergehend) durch Migranten ausgleicht. Ein Argument, bei dem es gar nicht mehr um die Frage von mehr oder weniger Kindern geht, sondern um die Notwendigkeit, eine angemessene Sozialisationspraxis zu finden.

Wichtig ist nun, aufbauend auf den etablierten Zusammenhang von isolierender Sozialisationspraxis und Geburtenrückgang, den sich eröffnenden neuen Horizont gesellschaftspolitischer Aufgaben zu erkennen, Möglichkeiten angemessener Maßnahmen zu diskutieren. Dies ist die ‚rote Schnur' des folgenden zweiten Hauptteils.

II

Was tun?
Ein Ratgeber für Länder mit sinkender Geburtenrate

Bis zu diesem Moment war der Umgang mit der sinkenden Geburtenrate von großen Widersprüchen geprägt. Die Unsicherheiten über die Ursachen, die wie ein Naturgesetz voranschreitende Entwicklung, emotionale Befindlichkeiten, rationale und häufig eher rationalistische Beurteilungen des Phänomens, hochgradig unterschiedliche Ansichten ob man überhaupt etwas gegen den ‚Abschied vom Kind' tun soll oder nicht, und wenn ja, dann wie, politische und national-identitäre Überlegungen, die mittlerweile dabei sind, etablierte politische Konstellationen in Europa aufzubrechen – all dies machte die demographische Entwicklung zu einem veritablen Mienenfeld gesellschaftspolitischer Auseinandersetzung.

Mit der jetzt vorgelegten Diagnose eröffnet sich nun, in den kommenden Kapiteln dieses zweiten Hauptteils, die Möglichkeit für eine gezielte, differenzierte und geordnete Diskussion. Wenn der herausgearbeitete kausale Zusammenhang von isolierender Sozialisationspraxis und Geburtenrückgang richtig ist, wenn es diese so spezifische Kausalität ist, die es erlaubt, die abnehmende Kinderzahl ohne äußeren Grund zu erklären, so ist doch zuallererst eines gewonnen: die Einsicht in die dringende Notwendigkeit des Handelns. Denn von nun an ist klar, dass es um uns selbst geht, um eine fundamentale Belastung unserer Kinder, um einen problematischen Eingriff in die innersten Zusammenhänge unserer Persönlichkeitsstruktur, die wir nicht hinnehmen können und dürfen. Es ist nicht mehr nötig, die geringeren Kinderzahlen in einer immer größeren Zahl an

Ländern mit dem absoluten Anstieg der Weltbevölkerung abzuwägen, man muss nicht mehr den Eingriff in die Privatsphäre mit dem angeblich ‚höheren‘ Gut der Sicherung einer gesamtgesellschaftlichen Zukunft rechtfertigen und anderes mehr – es genügt, die dramatische Problematik der Sozialisationspraxis für die individuelle Entwicklung zu verstehen, um Anreiz zu bekommen, vernünftigerweise etwas dagegen zu tun.

Zweitens besteht von nun an Hoffnung. Begründete Hoffnung, dass auf der Basis der gewonnenen Einsichten in die Gründe dieser Dynamik nun auch gezielte, effektive Maßnahmen gefunden werden können, um an der Wurzel des Problems einzuwirken und in absehbarer Zeit für Veränderung sorgen zu können. Die Grundsätze für ein solches Handeln liegen auf der Hand: Es gilt, die Besonderheiten unserer frühen Sozialisationsbedingungen wieder zu entdecken, anzuerkennen, nicht mehr gegen unsere Natur zu handeln, sondern mit ihr. Eine Wiederentdeckung eigentlich alter Grundsätze der Sozialisation ist zu leisten und eine Versöhnung dieser Grundsätze mit unserer Moderne. Es macht natürlich keinen Sinn, in irgendeiner Weise zurück zu gehen, in ein illusionäres ‚Gestern‘. Vielmehr ist absehbar, dass die notwendigen Veränderungen vermutlich viel einfacher zu leisten sein werden, als viele meinen. Warum sollte eine angemessene Sozialisation, auch in dem hier entwickelten Sinn, sich denn nicht mit unseren heutigen Lebensgrundsätzen verbinden lassen, warum sollten sich keine Lösungen finden lassen, wenn die Problematik und Dramatik der Zusammenhänge so deutlich ist?

Und drittens eröffnet sich, wenn auch noch fern, ein völlig neuartiger, ungeahnter Horizont, wie wir uns selbst begreifen können, in unserer individuellen, gesellschaftlichen und sozio-kulturellen Entwicklung. Mit der isolierenden Sozialisationspraxis ist doch wohl, dies lässt sich erahnen, ein völlig neuer Kanon an Gefühlen, an kognitiven Fähigkeiten und Antrieben in die Welt gekommen, ein Zusammenspiel, der unsere Entwicklung der letzten Jahrtausende prägte, unser gesamtes Leben durchwirkt. So gilt es, über das Problem des Geburtenrückgangs hinaus wenigstens einen kurzen Blick auf die mannigfachen Folgen der isolierenden Betreuung zu werfen, von den inneren Folgen in den Individuen bis hin zu der von diesen aus angefeuerten Dynamik von Gesellschaften und ganzen Kulturen – bis hin zum heutigen Modernisierungsprozess. Hier besteht eine einzigartige und faszinierende Möglichkeit, uns selbst neu zu verstehen.

Kapitel 9: Terror, oder warum wir handeln müssen

Die gesellschaftspolitische Diskussion nach dem richtigen Umgang mit den sinkenden Geburtenzahlen hat recht offensichtlich in ein Dilemma geführt. Welche Maßnahmen oder sogar vielleicht Gegenmaßnahmen sollte man ergreifen – und warum eigentlich? Diese Fragen sind bislang nicht geklärt worden. Vielmehr sind zwei gegensätzliche, im Grunde sich ausschließende und konkurrierende, häufig ideologisierte Antworten erkennbar, die ein wirksames Handeln behindern. Anstatt sofort zu der naheliegenden Ausarbeitung von Handlungsvorschlägen in Bezug auf die jetzt ausgearbeitete Diagnose überzuleiten, ist es daher unabdingbar, zunächst eine Inspektion der bisherigen Argumente pro und contra vorzunehmen. Auf der Grundlage der neuen Ursachenanalyse wird es in diesem Kapitel möglich sein, eine völlig neue und überraschende Antwort zu geben, warum sofortiges Handeln in Bezug auf den Geburtenrückgang unabdingbar ist.

Pro und contra von Gegenmaßnahmen zum Geburtenrückgang

Einerseits: Sobald in der Vergangenheit ein Geburten- und vor allem dann Bevölkerungsrückgang erkennbar wurde, verursachte dies mit großer Regelmäßigkeit das Gefühl von Besorgnis oder Unruhe in der Bevölkerung und unter den Entscheidern. Früher hat man diese Entwicklung schnell zu einer Art nationalen Notstand erklärt und durch eine gezielte Familienpolitik versucht gegenzusteuern. Zu den beliebten Maßnahmen der Politiker gehörten und gehören vor allem Geldzahlungen (z.B. Kindergeld), basierend auf den Verdacht, dass die geringe finanzielle Attraktivität von Familien der entscheidende Hintergrund für den ‚Geburtenknick' wäre. Später ist man dazu übergegangen eine verbesserte Vereinbarkeit von Familie und Beruf zu fördern, durch ein größeres institutionelles Betreuungsangebot etwa, durch die Möglichkeit für beide Elternteile, nach der Geburt eine ‚Auszeit' zu nehmen oder auch durch eine Förderung der Gleichberechtigung. Während in osteuropäischen Ländern, z.B. Russland, diese

Maßnahmen auch heute mehr oder weniger ausdrücklich als konkrete Gegenmaßnahmen gegen den Geburtenrückgang verstanden werden, geht man in Deutschland und vielen westeuropäischen Ländern mittlerweile damit sehr viel diskreter um als früher. Eigentlich möchte man sich wohl von derartigen Eingriffen in das Privatleben der Bürger lieber zurückhalten. Gleichwohl versucht man über familienpolitische Maßnahmen sehr wohl, die Entscheidung ,für's' Kind möglichst leicht zu machen.

Schaut man genauer hin, so waren (und sind) all diese Maßnahmen keineswegs einfach nur das Ergebnis rationaler Überlegungen, die, ausgehend vom Wissen über die zukünftigen Probleme der Rentenkasse, der Sozialsysteme oder der Wettbewerbsfähigkeit, nach Möglichkeiten zur Verbesserung der Geburtenstatistik suchten. Diese ,rationalen' Gründe mochten im Zweifelsfall zur Begründung der Besorgnis herhalten. Aber eigentlich versteckten sie nur ein starkes Gefühl und eine daraus abgeleitete ,Befindlichkeitspolitik': Die Erkenntnis einer langfristig abnehmenden Bereitschaft für eigene Kinder kommt nämlich als eine – letztlich unklare – Bedrohung daher. Hinter der vielleicht vordergründigen Angst vor dem ,Abstieg der eigenen Nation' liegt meines Erachtens noch mehr. Dahinter findet sich die Besorgnis, dass ein derartiges Verhalten etwas grundsätzlich Problematisches sein muss, dass es hier um ein Problem geht, dass einem ,irgendwie' selbst berührt – ohne allerdings dieser Ahnung einen konkreten, rationalen Ausdruck geben zu können.

Andererseits: In Deutschland zumindest hat das Hinterfragen der oben genannten ,rationalen' Argumente zu einer ganz anderen, scheinbar progressiven Einstellung geführt. Warum, eigentlich, sollte man denn überhaupt etwas gegen den Geburtenrückgang machen, gar eine höhere Kinderzahl fördern? Was gibt einer Gesellschaft die Berechtigung, derart in die Intimsphäre ihrer Bürger einzugreifen, selbst wenn die Folgen für den reibungslosen Fortbestand der Gesellschaft vielfach problematisch sind? Ist die Entscheidung für oder gegen Kinder nicht Privatsache – und sollte sie das nicht auch bleiben? Niemand sollte gezwungen werden, ein Kind für die Gesellschaft zu bekommen. Diese Logik wird mittlerweile gerne durch eine sich rational gebende Befindlichkeitsliteratur untermauert: Da melden sich verheiratete Paare zu Wort, die stolz darlegen, dass sie unter keinen Umständen Kinder wollen, selbst wenn sie dabei von ihrer Umgebung geächtet werden (zeitonline, 12.12.2014, Hufnagl: 2016). Unter dem Stichwort *,regretting motherhood'* werden Mütter vorgestellt, die es nachträglich bereuen ein oder mehrere Kinder in die Welt gesetzt zu haben, die unter diversen post-Traumata ihrer Geburt leiden und anderen Problemen (Donath 2015). Wissenschaftliche Untersuchung werden zitiert, die zeigen, dass man durch Kinder keineswegs glücklicher wird, eher umgekehrt, und sogenannte ‚Antinatalisten‘ versuchen gar „die Einsicht in das Nichtseinmüssen von Menschen als einen Gewinn von Freiheit gegen biosozionome Vorgaben“ (Akerma 2017) herauszuarbeiten.

Nicht zuletzt haben natürlich auch die Verirrungen einer sich nach gesellschaftlichen Planungszielen richtenden Demographiepolitik, so besonders radikal in der Zeit des Nationalsozialismus, zu einem grundsätzlichen Misstrauen in derartige Vorstellungen geführt. Schließlich gibt es das progressive Argument *par excellence*, der Blick auf das Wachstum der Weltbevölkerung, um eine simple Warnung auszusprechen: Wenn die Zahl von 10 Milliarden Menschen in nur wenigen Jahrzenten Realität sein wird, und wenn man die daraus resultierenden möglichen Probleme für unsere Erde, für den Schutz einer lebenswerten Umwelt und für das soziale Miteinander vorwegnimmt, so ergibt sich eine ebenso simple wie logische Schlussfolgerung. Es muss um ein weniger an Menschen gehen, nicht um ein mehr, und so mag das Abgleiten der Geburtenzahlen für eine Reihe von Ländern vielleicht ein Problem darstellen, doch in einer globalen Sichtweise kommt das doch nur recht. Wer kein Kind bekommt, der vollzieht eine gute Tat, so die scheinbar konsequente Argumentation. Das vage Gefühl der Besorgnis erscheint damit nur noch antiquiert.

Wer hat denn nun recht? Die Anhänger der ‚Sorge‘, die aber gar nicht so recht begründen können, was sie eigentlich antreibt, warum sie eigentlich mehr Kinder wollen, oder die Anhänger des ‚Fortschritts‘, die so selbstsicher alle Argumente auf ihrer Seite glauben und mit Verächtlichkeit auf die andere Seite blicken?

Es geht gar nicht um mehr oder weniger Kinder!

Die Antwort, die auf der Basis der im ersten Hauptteil ausgearbeiteten Diagnose geben werden kann, muss überraschen: Es geht eigentlich gar nicht um mehr oder weniger Kinder. Vielmehr führt die neue Ursachenerkenntnis zu einer grundsätzlich anderen Frage: Wie können wir eine Sozialisationspraxis weiterhin verantworten, die die basale Entwicklung von Babys in dramatischer

Weise belastet, die für die Betroffenen unermessliches Leiden bedeutet, die unsere physische und psycho-soziale Entwicklung in höchst problematischer Weise prägt, und zwar so sehr, dass – als eine von vielen Folgen – unser Nachkommenswunsch ‚ausgeschaltet' wird, dass wir, gegen allen Anschein der freien Entscheidung, in Wahrheit keine rechte Kontrolle mehr haben? Wenn der Geburtenrückgang, wie oben gezeigt wurde, das Ergebnis eines massiv belasteten Eingriffs in die Grundlagen unserer Persönlichkeitsentwicklung, unseres Persönlichkeitshaushaltes ist, via einer isolierenden Sozialisationspraxis, dann müssen seine Folgen weit über eine punktuelle Änderung hinausgehen. Sie müssen uns vielmehr unweigerlich als ‚ganzen' Menschen betreffen – und von da aus ergibt sich auch eine ganz andere Argumentationslage zu der Frage, ob wir nun gegen den ‚Geburtenknick' etwas tun sollten, oder nicht.

Die Diagnose einer grundsätzlich problematischen Sozialisationspraxis führt also weit über eine Diskussion pro oder contra eines Eingriffs in die Geburtendynamik hinaus. Es muss doch in erster Stelle darum gehen, die tiefgreifende Belastung der Betroffenen zu beenden oder abzumildern, den Individuen den ‚Terror' der jetzigen Situation einer isolierenden Sozialisationspraxis zu ersparen. Dass dies indirekt mit großer Wahrscheinlichkeit zu einer Stabilisierung der Geburtenraten führen wird ist eine andere Sache, ein letztlich sekundärer Effekt.

Das Beispiel Japan: Nähe als Fremdsprache

Um diese zunächst vielleicht eher abstrakte Argumentation zu illustrieren, soll jetzt der Blick nach Japan gewendet werden, auf junge Menschen in einer Lebensphase, in der normalerweise Sex, aber auch die Frage von Kindern und Familiengründung eine große Rolle spielen sollten. Eine Reihe von Reportagen haben in den letzten Jahren darauf aufmerksam gemacht, dass hier ein seltsames, unerklärliches, geradezu verrücktes Verhalten zu beobachten ist. Ein Verhalten, das allerdings nach den oben gewonnenen Einsichten als logische wie auch höchst dramatische Folge der problematischen Veränderung unserer Sozialisationspraxis erklärbar wird. Ein Verhalten, dass zeigt, dass die Folgen weit über die Manipulation unseres Nachkommenswunsches hinausgeht – und unser ganzes Leben betrifft.

Da ist – so in einem Bericht der ‚Zeit' aus dem Jahr 2014 (von Felix Lill und Motockney Nuquee) – der 29jährige Hikaru Murata, der die Ansprüche seiner

Eltern an ein erfolgreiches Studium nicht erfüllt hat, nun nachts in einem Supermarkt arbeitet, aber ab und an nach Tokyo fährt, um dort in Anzug und Krawatte den erfolgreichen Büromenschen zu spielen, den *Salaryman*, das Vorbild seiner Generation. Er lebt allein. Da ist der gleichaltrige Sousuke Amano, der zusammen mit seinem jüngeren Bruder weiter im Haus seiner Mittelklasseeltern lebt, so wie jedes zweite Kind zwischen 20 und 34 Jahre. Er, der noch nie eine Freundin hatte, grübelt über das Leben nach, spielt mit seinen Gitarren alleine in seinem Zimmer und weiß eigentlich gar nicht, was er will. Seine Mutter schickt ihm, wenn er zu laut wird, „eine SMS aus der Küche" (ibd.), während sein 25jähriger Bruder den totalen Rückzug angetreten hat, den ganzen Tag in seinem Zimmer verschläft, ein so verbreitetes Syndrom für den Rückzug, dass die Japaner dafür ein Wort geprägt haben: *Hikikomori* (d.h. ‚das Sich einschließen'). Manche jungen Männer gehen gleich für Jahre in das heimische Eremitendasein.

Und da ist Yuni Sonehara, eine 26 Jahre alte Frau, die über Agenturen auf ‚Heiratsjagd' (*Kon-Katsu*) ist, um einen der begehrten Männer mit Festanstellung zu ergattern, und nun an einem Dating-Ereignis teilnimmt. Die Art, wie die Journalisten die Begegnung schildern, ist sehr genau – und höchst aufschlussreich, wenn man die Ergebnisse der Harlow'schen Isolationsexperimente im Hinterkopf hat, wenn man versteht, was hinter dem Problem der Partnersuche wohl stehen muss:

> „Ein kurzes Lächeln, ein scheuer Blick in die Augen ihres Gegenübers, dann kommen sich zwei Mobiltelefone nahe. Einen Moment lang berühren die Metallgehäuse einander, nur sie, nicht die Hände, die sie halten, und vom einen Telefon ins andere fließen Kontaktdaten, beglaubigt durch ein rotes Blinken. Am Sonntag hat Yuri ein Date mit einem Beamten von der Wasserversorgung. Ein eher öder Typ, der Bowling und Karaoke vorschlagen wird, statt sie zum Essen einzuladen. Er wird sein Telefon öfter anschauen als Yuri und schließlich wissen wollen, ob sie mit ihm in ein Love-Hotel gehen möchte. Yuri wird Nein sagen. Aber sie wird sich vornehmen, ihn mal wieder zu treffen. Vielleicht lernt sie ja seine Kollegen kennen." (ibd.)

Japan, so stellt sich in dieser (und anderen) Reportage heraus, ist ein Land, in dem die jungen Männer Angst vor Frauen haben, während den Frauen die Männer nicht gut genug sind. Aber eben nicht nur das: Es ist ein Land, in dem die Beziehungen zum anderen Geschlecht für viele einfach keine Bedeutung mehr besitzen, keinen Sinn mehr macht. Es ist also nicht nur ein ‚nicht können‘, sondern mittlerweile auch ein ‚nicht wollen‘, wobei man gar nicht so einfach unterscheiden kann, welches dieser beiden Gefühlszustände zuerst da war. 90% der jungen Frauen bevorzugen ihre Unabhängigkeit nach einer vom Observer zitierten Umfrage im Jahre 2013. Und „*Mendokusai!*“ (zu anstrengend!), sagt denn auch eine junge und erfolgreiche Frau, die 2013 von einer englischen Journalistin über ihre Beziehung zu Männern befragt wird. „*Mendokusai!*“ sagt aber auch der junge Satoru Kishino, ein Mann von 31 Jahre: „Ich finde einige meiner weiblichen Freunde attraktiv“, so gibt er zu, „doch habe ich gelernt ohne Sex zu leben. Emotionale Verwicklungen sind zu anstrengend.“ (The Observer, 20.10.2013).

Die Einstellung bleibt für den Reporter unerklärlich, aber ein Befund ist auffällig: „Es ist“, so konstatieren wiederum die Journalisten der ‚Zeit‘ in genauer Weise, als ob die 30jährigen von einem „persönlichen Sperrbezirk umgeben sind“ (Lill und Nuquee in der ‚Zeit‘, 16.03.2014). Die Beobachtungen, die Japaner von sich selbst anstellen, fließen in Kategorien ein, die nicht deutlicher sein könnten, die aber auch Verachtung und Verständnislosigkeit zeigen. Da ist die Rede von den ‚Pflanzenfressern‘ (*Soshuku Danshi*), nämlich jenen schüchternen jungen Männern, die ziellos dahin leben, von den ‚Verliererhündinnen‘ (*Makeinu*), den Frauen, die mit Dreißig trotz aller Anstrengungen nicht geheiratet haben, oder den ‚Parasiten-Singels‘ (*Parasaito Shinguru*), also den Kindern, die das Haus ihrer Eltern nicht verlassen wollen oder können. Es ist, als ob die jungen Japaner „die Sehnsucht nach Nähe verlernt haben, wie eine Fremdsprache“ (ibd.). Die Frage nach dem ‚Warum?‘ vergessen die Journalisten allerdings zu fragen. Sie kann, aufgrund der oben vorgelegten Analyse bekannt, jetzt mit einem Hinweis auf die moderne, belastende Sozialisationspraxis beantwortet werden, wie sie auch im heutigen Japan praktiziert wird. Dazu gleich mehr.

Dabei handelt es sich bei den von den Journalisten beschriebenen Personen keineswegs um Einzelfälle, um Marotten verschrobener Individuen, sondern um eine Massenbewegung, die in deutlichen Zahlen ihren Ausdruck finden. Zum einen sinkt das Interesse an Sex und Liebe in aufsehenerregender Weise, wie Umfragen aus dem Jahr 2011 belegen: 45% der Frauen zwischen 16 und 24 Jahren und 25% der Männer sind überhaupt nicht mehr an Sex interessiert. Ebenso erstaunlich: 61% der unverheirateten Männer und 49% der unverheirateten Frauen sind in keiner Beziehung, was 10% mehr ist, also noch 5 Jahre zuvor. Ein Drittel der Männer und Frauen unter 30 hatten noch nie ein Rendezvous mit einem potentiellen Partner, geschweige denn eine Beziehung (Abigail Haworth, The Observer, 20.10.2013). Zum zweiten steigt, wenig erstaunlich, auch der Anteil der unverheirateten Männer und Frauen immer weiter an. In absehbarer Zeit werden ein Drittel der Männer und knapp ein Viertel der Frau keine Ehe mehr in Japan eingehen. Aus westlicher Sicht mag dies Ausdruck einer typischen Tendenz zum Single-Dasein darstellen, ja die Quintessenz einer modernen und dynamischen Lebensart. In Japan bedeutet aber die Abkehr von der Ehe immer auch eine Abkehr vom Kind: Kinder, so die bislang unumstößliche japanische Norm, werden in der Ehe gezeugt und erzogen. Wenn sich immer mehr Japaner nicht verheiraten, so ist dies gleichbedeutend mit einer Abkehr vom Kind.

Nun könnte man Phänomene vage als Ausdruck der Modernisierung begreifen. Als Ergebnis von der Allgegenwart von Pornofilmen und Umweltgiften, wie es ein japanischer Demograph laut eines der Artikel zu begründen versuchte. Oder ‚irgendwie‘ als Folge jenes Stillstands der japanischen Gesellschaft, der in den 1980er Jahren begann, zunächst als wirtschaftliches Problem begriffen wurde, bevor er dann immer weitere Kreise zog. Man könnte schließlich die Freiheit und Entscheidungshoheit des Individuums betonen, die ein Recht auf ihren eigenen Lebensweg hätten, frei von den Traditionen und Erwartungen.

Wenn man jedoch die Einsichten in eine dramatisch problematische Sozialisationspraxis teilt, so kommt man zu einer völlig anderen Einschätzung zu den Ursachen: Das seltsame, ‚unerklärliche‘ Verhalten der jungen Japaner muss die Folge eines höchst realen Isolationsexperiments à la Harry Harlow sein, von dem vorbehaltlich einer empirischen Erkundung nur die Abgründe zu erahnen sind.

Anstatt in Käfigen wachsen die meisten jungen Japaner u.a. ab der Geburt vor dem Fernseher auf, der ihnen in den meisten Haushalten als einzige Gesellschaft zur Seite gestellt wird, als Rettung der überforderten Mutter, die das Kind häufig ganz alleine erziehen muss, während der Mann mehr oder weniger ununterbrochen arbeitet. Wie die Rhesusaffen von Harlow entwickeln auch die jungen Japaner dramatisch problematische Verhaltensweisen, darunter eben auch eine (für sie) unerklärliche Angst vor Nähe, die ein höchst beredter Ausdruck einer auf Isolation beruhenden frühen Lebenserfahrung ist. Dass sie in diesem Zustand keine Kinder bekommen können oder wollen, ist dann nur noch ein Nebeneffekt – wie bei den Rhesusaffen. Das seltsame Verhalten der Japaner ist aus der hier vertreten Sichtweise das Ergebnis einer Behandlung, die für sie in höchstem Maße traumatisch gewesen sein muss: Sie haben den nackten Terror erlebt, im eigenen Elternhaus, von ihren Eltern, die glaubten, alles für sie zu tun, und so leben sie denn auch: als ‚Zombies‘, zu den sie der Verlust realer Nähe und die davon ausgehenden Veränderung ihrer Tiefenstrukturen in ihrem Gehirn und Nerven macht.

Aus dem Gleichgewicht

Dieses Beispiel wurde relativ ausführlich vorgestellt, um wenigsten einmal einen konkreteren Eindruck der umfassenden, gravierenden Folgen des sich hinter dem Geburtenrückgang verbergenden Ursachengefüges zu bekommen. Die Diagnose ‚Harlow'sche Isolation‘ bedeutet doch weit mehr, als einen spezifischen Eingriff in unsere Fertilität. Die Isolationspraxis führt vielmehr auch zu einem höchst dramatischen Eingriff in unsere physische und psycho-soziale Entwicklung als Mensch, als Persönlichkeit. Einen Eingriff, der uns mit großer Wahrscheinlichkeit über Jahre und Jahrzehnte in negativer Weise prägen wird, drunter auch unseren Umgang mit unserer Fertilität – neben vielen anderen Entwicklungsstörungen. Ein Eingriff, der uns, entgegen der äußeren Freiheit der modernen Rahmenbedingungen, in höchste Unfreiheit stürzt, nämlich in eine Kaskade von dramatischen Folgewirkungen unserer Isolationserfahrung. Der Sog dieser frühen Prägung treibt uns zu einer Vielzahl von Verhaltensformen, die als das Resultat einer unvollendet gebliebenen Entwicklung zu verstehen sind.

Das höchst dramatische Beispiel der heranwachsenden Generation in Japan zeigt, was hier auf dem Spiel steht, was zu den Folgen der isolierenden Sozialisationspraxis gehört: Diese Menschen sind, wenn auch unfreiwillig, in grundlegender Weise aus dem inneren Gleichgewicht gebracht worden. Die jungen Japaner und ihre Eltern stehen vermutlich vor einem Rätsel, denn scheinbar wurde ja alles richtig gemacht, wurde mit großem Einsatz für die Kinder gesorgt, so dass man schließlich dazu tendiert, den ‚Charakter‘, die zufälligerweise

‚problematische Persönlichkeit' dafür verantwortlich zu machen, was in den Betroffenen wiederum vermutlich große Schuldgefühle weckt. In Wirklichkeit aber wurden zentrale Entwicklungsansprüche dieser jungen Menschen vernachlässigt. Im Grunde hat man sie, wenn auch unwissentlich, in grausamer Weise gequält, hat sie deformiert und derartig in ihre vitale Lebensbasis eingegriffen, dass sie nur noch unter großen Schwierigkeiten handlungsfähig sind. Sie sind, letztlich, Opfer: Opfer einer traumatischen Erfahrung, die sich, besonders perfide, hinter der doch gut gemeinten, aufopfernden Betreuung ihrer Eltern oder Betreuer versteckt.

Die junge Generation von Japanern ist dabei nur ein besonders augenscheinliches Beispiel für seltsame Verhaltensänderungen, die man bei genauerer Sicht überall dort antreffen kann, wo die modernen Sozialisationspraktiken greifen, also vor allem in der westlichen Welt, aber auch überall dort, wo sich im Rahmen der Globalisierung entsprechende Umgangsformen mit Säuglingen und Kleinkindern breitmachen. Die neuen Schwierigkeiten der Partnerwahl, die auffällige Bedeutung von Depressionen und psychischen Problemen aller Art oder auch die scheinbar aus dem nichts kommenden Amokläufe, häufig von Schülern, sind einige der Symptome des tief verborgenen, gut versteckten Terrors. Ich hätte genauso gut das bereits genannte Beispiel eines starken Anstiegs psychischer Erkrankungen an deutschen Jugendlichen in den letzten 10 Jahren wählen können (tagesschau.de, 23.02.2018) oder das Phänomen der Amokläufe in der industrialisierten Welt.

Vereint gegen das Leiden isolierender Sozialisationspraxis

Kehrt man von diesem Beispiel aus Fernost aus wieder zur widersprüchlichen Diskussion über den Sinn von politischen oder gesellschaftlichen Maßnahmen gegen den Geburtenrückgang zurück, so ergibt sich eine völlig neue Ausgangslage. Es geht dann doch letztlich gar nicht mehr um eine rationale Abwägung für oder gegen mehr Kinder. Hat man die gewaltigen Folgen der modernen Sozialisationspraxis einmal erkannt, von denen der abnehmende Kinderwunsch offenbar nur eine neben anderen ist, so kann doch wohl zuallererst nur darum gehen, das Leiden, das durch die neuartige, aus Isolation und Näheverlust angelegte Betreuungspraxis entsteht, zu beenden. Zu erreichen, dass wir die sich offenbar über die Generationen hinweg selbstverstärkende Spirale von problematischer Sozialisation und ihren Folgen unterbrechen. Alles dafür zu tun, um jene Bedingung auszuschalten, die uns in der Frühzeit unserer individuellen Entwicklung, vor der Entstehung von Erinnerung und Bewusstsein, und deshalb in höchst ‚geheimnisvoller‘, unerklärlicher Weise, aus der Spur bringt. Und noch genauer: Zu erreichen, dass wir unsere vielfach bedrohte individuelle Autonomie zurückgewinnen, einschließlich unserer basalen Fähigkeit, über eigene Kinder zu entscheiden.

Damit ergibt sich aber auch eine völlig neuartige Basis für die Diskussion familienpolitischer Maßnahmen, weit jenseits der oben grob skizzierten Widersprüche. Die ‚Befindlichkeitsrhetoriker‘ haben, so zeigt sich jetzt, mit ihren unklaren Gefühlen der Angst im Kern durchaus recht, aber anders als sie meinen. Es geht nicht um mehr Kinder, um den Erhalt der Gesellschaft und um Identität. Der Geburtenrückgang ist vielmehr ein Hinweis auf eine höchst bedrohliche Dynamik, nämliche eine Sozialisationspraxis, die uns in dramatischer Weise neu ‚justiert‘, die unsere basalen, grundsätzlichen Lebenswurzeln angreift, für uns in großen Ausmaß Leiden bedeutet. Deswegen ist die Angst, die die Beobachtung des Geburtenrückgangs auslöst, in Wahrheit höchst real und begründet – denn die ihr zugrunde liegenden Ursachen bedrohen allerdings in realer Weise das betroffene Individuum. Und dies in vielfältiger Weise: Sie bedrohen die physisch-psychische Integrität, die Fähigkeit, mit Gelassenheit in der Welt zu agieren, und daneben, als eine spezielle und besonders sichtbare Konsequenz, die Bereitschaft und die Fähigkeit, Kinder zu bekommen.

Aber auch die ‚Progressiven’ haben ja recht: Es kann keineswegs darum gehen, durch familienpolitische Maßnahmen uns Menschen eine Entscheidung für Kinder aufzudrängen, eine Manipulation, die dem Staat oder der Gesellschaft sicherlich nicht zusteht. Und sie haben ja auch recht, dass jede individuelle Entscheidung im Kern zu respektieren ist. Aber sie verkennen, dass es jenseits derlei rationaler Argumente eine viel grundlegendere Entwicklung gibt. Dass das, was sie als ‚normal‘ und ‚rational‘, als individuelle Entscheidung ansehen, auf der viel mächtigeren Ebene der isolierenden Sozialisationspraxis erzwungen wird, gegen den Willen der Betroffen, in einem höchst bedenklichen Akt des Zwangs und des Terrors, so dass die favorisierte rationale Argumentation einer Verteidigung all der damit ausgelösten modernen Phänomene im Kern verfehlt ist. Umgekehrt sollten die ‚Progressiven‘ die sich jetzt ergebende Forderung einer Befreiung des Individuums durch die Änderung der belastenden

Sozialisationspraxis aus vollen Herzen unterschreiben können. Es müsste doch gerade aus ihrer fortschrittlichen Sicht darum gehen, die Probleme unserer historisch neuartigen Sozialisationspraxis zu erkennen und zu beheben, nämlich den Menschen die Möglichkeit zu geben, sich in erwachsener, freier Weise, für oder gegen Kinder zu entscheiden, anstatt einen äußerst bedenklichen Eingriff in unsere Persönlichkeitsentwicklung auch noch zu verteidigen.

Es geht um die Rückgewinnung echter individueller Autonomie

Insoweit ist die bisherige Argumentation pro und contra von Kindern und Maßnahmen gegen den Geburtenrückgang obsolet geworden. Es geht nicht mehr vorrangig um Gegenmaßnahmen, die den Trend zu immer weniger Geburten einfach umkehren sollen. Es geht nicht vorrangig um familienpolitische Entscheidungen, die darauf abzielen, Menschen zu mehr Kindern zu bewegen. Es geht vielmehr, in den folgenden Kapiteln, um eine Vielzahl gesellschaftspolitischer Maßnahmen, die die unerträglich gewordene Abweichung von den Grundlagen einer normalen, einer uns angemessen Sozialisation ein Stück korrigieren muss – und durch die mit großer Sicherheit, wenn auch nur indirekt, als Nebenprodukt, auch eine ausgeglichene demographische Entwicklung erreicht werden wird. Im Vordergrund steht die Rückgewinnung der insgeheim bedrohten individuellen Autonomie, einschließlich der Autonomie, über die eigene Fertilität frei zu entscheiden.

Kapitel 10: Die Wiederentdeckung unserer Sozialisationsansprüche

Wenn der dauerhafte Rückgang der Geburtenrate tatsächlich an einer problematischen Sozialisationspraxis liegt, so muss notwendigerweise eine ‚Neujustierung‘, eine Neugestaltung dieser Umgangsformen mit Kleinkindern, der entscheidende Weg für einen Neuanfang sein. Nur so kann die scheinbar so schicksalshafte, im Kern aber selbst erzeugte Dynamik durchbrochen und den davon betroffenen Gesellschaften der Weg zu einer Normalisierung gewiesen werden. Die Diskussion einer richtigen Sozialisationspraxis und, davon ausgehend, der Möglichkeiten ihrer gesellschaftlichen Verwirklichung ist der ‚Königsweg‘ für alle Länder und Gesellschaften, die das bloße Erdulden oder Abwickeln der heutigen demographischen Entwicklung satthaben und aktiv werden wollen.

Wie nun sieht denn eine ‚richtige‘ Sozialisationspraxis aus? Eine solche Frage zielt natürlich nur auf das Erkennen solcher Elemente der Betreuung ab, die grundlegend und universell wichtig oder unverzichtbar sind – nicht aber auf ein ‚Eindämpfen‘ des gewaltigen Reichtums an Variationsmöglichkeiten im Umgang mit Kleinkindern. Innerhalb einiger weniger grundlegenden Regeln bestehen, so wird sich gleich zeigen, ein großer Spielraum.

Der globale Vergleich von Erziehungsformen erlaubt einen ‚bunten Strauß‘ an Praktiken und Möglichkeiten festzustellen, eine Vielzahl von Varianten im Umgang mit Kleinkindern (Keller 2007). Dies bedeutet aber keineswegs, dass die Wahl der Betreuungsmöglichkeiten absolut frei ist oder umgekehrt, dass es nicht möglich wäre, einige grundsätzliche und universelle Bedingungen aufzuzeigen. Ebenso, wie an der Notwendigkeit der Nahrungs- und Flüssigkeitsaufnahme nicht zu rütteln ist, und dann auch im Detail an einer bestimmten Zusammensetzung von Proteinen, Kohlehydraten, Vitaminen u.a., aber innerhalb dieses Rahmens ein scheinbar unerschöpflicher Reichtum an Ernährungsmöglichkeiten, so können sehr wohl auch Grundprinzipien einer ‚normalen‘, richtigen oder vorgesehenen Sozialisationspraxis ermittelt werden – auf deren Basis dann allerdings sehr wohl eine Vielzahl von Einzellösungen und Varianten kreativ zu finden sind.

Man kann nun von verschiedener Seite aus diese Grundprinzipien zu ermitteln suchen. Der einfachste Weg dazu führt jedoch sicherlich, wenn man diejenigen Methoden der Sozialisation und Betreuung zu Grunde legt, die *vor* dem historischen Bruch, *vor* dem Übergang des ‚Tragens‘ zum ‚Liegen‘, angewandt wurden. Diese Methoden müssen unsere Vorfahren während der gesamten Evolution der Menschheit, also für einige Millionen Jahre, begleitet haben. Sie müssen als sicher und erprobt gelten – denn daneben sind die wenige hundert bis maximal 5000 Jahre der neuen Sozialisationsmethode kaum nennenswert zu nennen.

Zu dieser ‚alten‘ Betreuungspraxis gibt es aus naheliegenden Gründen kaum Hinweise, doch erlaubt die Erforschung von heute oder bis vor kurzem noch existierenden, sogenannten Jäger- und Sammlergruppen – der Lebensform, die uns Menschen auf der Hauptstrecke unserer vergangenen Entwicklung begleitete – zweifellos tiefe Einblicke in den Umgang mit Babys und Kleinkindern. Verbindet man nun die Erkenntnisse zu solchen Gruppen mit dem neuesten Wissensstand der Gehirn-, Entwicklungs-, Verhaltens- und Bindungsforschung, so erscheinen drei Bedingungen für unsere frühe Entwicklung universell und kaum hintergehbar zu sein. Das besondere an diesen Bedingungen ist, dass sie nicht auf ein scheinbar universales, so aber nicht nachweisbares personales Betreuungsmodells (durch ‚die Mutter‘, ‚die Familie‘ usw.) hinauslaufen. Vielmehr sind die Ansprüche weiter und allgemeiner gefasst und erlauben eine große Vielfältigkeit von personalen Betreuungssituationen. Folgende Bedingungen erscheinen essentiell:

1. *Sozialisationsanspruch: Die Notwendigkeit konkreter Nähe*

Es ist mehr als offensichtlich: Wir Menschen bedürfen in der ersten Zeit unseres Lebens einer direkt erfahrbaren Nähe, am besten durch Körperkontakt, im Notfall auch herstellbar über die Stimme, durch beruhigendes Sprechen.

Einer der Gründe dafür liegt in unserer Hilflosigkeit nach der Geburt. In der Welt unserer Vorfahren wäre es angesichts multipler Gefahren lebensgefährlich gewesen, ein Kind alleine zu lassen – und das Wissen darüber scheint uns angeboren, wie der messbare Anstieg des Stresshormons Cortisol bereits nach nur wenigen Minuten der (geringen) räumlichen Trennung in dem oben skizzierten Experiment von Gunnar zeigte. Durch körperlich, sinnlich erfahrbare Nähe gewinnen wir das wertvolle Gefühl der Geborgenheit, Sicherheit und Gelassenheit, was wiederum die Voraussetzung ist, um die Umwelt zu entdecken, mit anderen Worten: um zu Lernen.

Der Anspruch an konkrete Nähe muss aber noch genauer ausgeführt werden: Es genügt nicht einfach eine gelegentlich erfahrene Nähe. Vielmehr muss die Näheerfahrung praktisch rund um die Uhr erfolgen. Und es genügt auch nicht, diesen Anspruch für zwei oder drei Wochen zu erfüllen, sondern es ist notwendig, ihn nach der Geburt über einen Zeitraum von annähernd zwei oder drei Jahren, bis zum Erreichen eigener Mobilität und einer ersten Etappe an Selbständigkeit ernst zu nehmen. Wir Menschen sind also zu Beginn unseres Lebens für viele Monate darauf angewiesen, praktisch rund um die Uhr in nächster, körperlicher Nähe unserer Betreuungspersonen zu sein – nur dann werden wir jene Ausgeglichenheit, Ruhe oder Geborgenheit erleben, die wiederum die entscheidende Basis für die Öffnung zu unserer sozialen Gemeinschaft und zur Umwelt darstellt.

2. Sozialisationsanspruch: Zunächst wenige, dann mehr positiv gestimmte Bezugspersonen

Insbesondere die Bindungsforschung hat gezeigt, dass wir in den ersten Monaten unseres Lebens einen engen Kontakt zu zunächst wenigen, später mehr, grundsätzlich positiv gestimmten Betreuern benötigen (Grossmann und Grossmann 2015). Andersherum gesagt: Das Nicht-Vorhandensein oder auch der häufige, frühe Wechsel von Betreuern hat negative Konsequenzen, da er den Aufbau einer vertrauensvollen, ersten Bindung zu anderen Menschen erschwert oder verhindert. Ebenso mindert eine mechanische oder abwehrende Betreuung, die die Verhaltensschritte des Babys nicht in positiver Weise begleitet und spiegelt, in erheblicher Weise die weitere Entwicklung. Die Bedeutung solch konkreter Bezugspersonen steht natürlich wiederum in direktem Zusammenhang mit der oben aufgeführten ‚Nähe-Bedingung'.

Es gibt nun vielfältige Hinweise darauf, dass die biologische Mutter sehr wohl eine Sonderrolle spielt und für die Rolle der ersten, zentralen Betreuerin prädestiniert ist. So sind beispielsweise beide Organismen, die Mutter und das Kleinkind, vor allem in der ersten Zeit nach der Geburt vielfach aufeinander abgestimmt, bis in Details physiologischer Prozesse hinein. Andererseits ist es sehr wohl möglich, bereits früh – zur Not von der Geburt an – die Mutter durch andere, familiäre oder nicht-familiäre, weibliche und auch männliche Betreuungspersonen zu ersetzen, *unter der Voraussetzung*, dass sie sich dem Kind mit ähnlichen und grundsätzlich positiv gestimmten Einsatz zuwenden, wie es Mütter normalerweise tun.

Der grundsätzliche Entwicklungserfolg, dies ist für die spätere Diskussion von Maßnahmen entscheidend, hängt damit nicht notwendigerweise von der Präsenz der biologischen Mutter bzw. des biologischen Vaters ab, wenngleich diese auch ein gewichtiges Plus zu bedeuten scheint. Entscheidend ist vielmehr Einsatz und Motivation der jeweiligen Betreuer, wer diese auch sein mögen. Wenn sie bereit sind, den notwendigen zeitlichen und emotionalen Einsatz zu leisten, so kann davon ausgegangen werden, dass die so betreuten Individuen einen normalen Entwicklungsweg nehmen. Daraus lässt sich eine ganz überraschende Folgerung ziehen: Entgegen der vehementen Argumentation von Befürwortern bestimmter Erziehungsmodelle – nur in der Familie, nur durch die Mutter, nur durch die Institutionen – gibt es keineswegs das ‚alleinseligmachende Modell‘. Entscheidend ist vielmehr, aus der Sicht des Kindes, dass diejenige Person, die die Betreuerfunktion übernimmt, die zentralen Sozialisationsansprüche wahrnimmt: dauernde physische Präsenz und positive Grundstimmung. Oder, um es anders auszudrücken, besser eine fremde Betreuungsperson, insofern sie die genannten Bedingungen erfüllt, als eine völlig überforderte Mutter, die in ihrer Not zu einer vernachlässigenden, für das Kind potentiell problematischen Sozialisationspraxis von Isolation und Deprivation greift.

3. Sozialisationsprinzip: Zwanglose Umwelterfahrung

Wir bedürfen schließlich der Möglichkeit uns möglichst einfach, zwanglos, in Abhängigkeit von unserer inneren Bereitschaft, mit unserer Umwelt zu beschäftigen. Die ständige, bereits früh einsetzende Konfrontation mit unserer sozialen und physischen Umwelt, mit den speziellen Kontext, in dem wir aufwachsen, ist eine weitere wichtige Bedingung eines normalen Aufwachsens – und steht im Gegensatz zu der modernen Sozialisationspraxis, Babys möglichst lange in Kinderwägen oder Betten zur Ruhe zu bringen, aus der Umwelt herauszuhalten.

Diese Bedingung ist wiederum eng mit der Erfüllung der beiden zuerst genannten Prinzipien verbunden. Wenn ein Baby innerlich ruhig und gelassen ist, wenn es nicht Unruhe oder Stress ausgesetzt ist, wenn uns der soziale Kontakt mit unseren nächsten Betreuern Vertrauen einflößt, dann wird es sich auch mit zunehmenden Interesse seiner Umwelt zuwenden und sie, zunächst wie im Spiel, erkunden. Umgekehrt führt ein ständiger Stresszustand und Unruhe dafür, dass ein gelassenes Eintauchen in die Umwelt nicht möglich wird. Die Kleinkinder sind dann ständig mit ihren mehr oder weniger großen Ängsten beschäftigt, sie sind blockiert, und haben nur eingeschränkte, im Extremfall gar keine Kapazitäten mehr für ihre Umwelt übrig – was wiederum ihre ganze weitere Entwicklung bedroht und beeinträchtigt, sofern dies zum Dauerzustand wird.

Diese drei, relativ abstrakten, weit gefassten und zugleich aufeinander bezogenen Prinzipien scheinen elementare und universelle Grundbausteine einer gelingenden Entwicklung zu sein. Nur durch sie, so wird prognostiziert, wird unserer besonderen Konstitution als Menschen, als von Natur aus ‚offene‘, anpassungsfähige Wesen, Rechnung getragen. Noch einmal: Es scheint zunächst dringend notwendig, dass wir unsere beispiellose Hilflosigkeit am Lebensbeginn in Griff zu bekommen – durch körperliche Nähe. Dann benötigen wir Unterstützung bei der Entwicklung unserer sozialen Fähigkeiten – durch einen sicheren sozialen Kontakt zu positiv gestimmten Betreuern, die unser rudimentäres Verhalten, unsere ersten Entwicklungsschritte begleiten und ‚spiegeln‘. Schließlich müssen wir unsere weitere Umwelt kennenlernen, ihre Besonderheiten in uns aufnehmen, uns an ihren Besonderheiten erproben, uns an sie anpassen – indem wir Gelegenheit bekommen, uns nach dem Maßstab unserer inneren Bereitschaft für sie zu öffnen. Wenn man hingegen, umgekehrt, dem Kind relativ häufig konkrete Nähe entzieht, es damit – aus seiner Sicht – isoliert, so wird Stress erzeugt. Beständige Unruhe führt auf Dauer zu einer Überlastung des jungen Organismus, zu Folgen bis in die Tiefen seiner Gehirnentwicklung hinein, zu einem Verschließen vor der Außenwelt.

Eine Vielfalt von personalen Betreuungsmodellen

Die genannten Prinzipien können damit als entscheidende Ausgangspunkte für eine umfassende, positive Entwicklung auf allen unseren Ebenen betrachtet werden. Je nachdem unsere Sozialisationsansprüche erfüllt werden, entstehen umfangreiche, sich selbst verstärkende ‚Dominoeffekte‘ in eine eher gesunde oder eher problematische Richtung. Je größer die Isolationserfahrung ist, so war bereits weiter oben gezeigt worden, desto problematischer und andersartig wird die physische Gehirn- und Nervenentwicklung. Davon ausgehend werden unsere kognitiven, emotionalen und sozialen Reaktionsmöglichkeiten in profunder Weise neu ausgelegt, was wiederum unsere Welterfahrung einerseits, unsere Verhaltenskapazitäten andererseits in bedeutender Weise beeinflussen wird.

Wie schon gesagt sind diese Prinzipien sehr weit gefasst und allgemein. Sie schreiben zunächst keineswegs vor, wie genau, d.h. durch welche Techniken sie erfüllt werden sollen – und erlauben damit auch eine Fülle von Variationen und Erziehungspraktiken im Detail. Ebenso, wie in manchen Gesellschaften Kinder innerhalb der Familie oder verbundenen Gruppen ausgetauscht wurden und werden, ohne dass damit per se eine Gefahr für die davon betroffenen Kinder verbunden ist, so ist auch davon auszugehen, dass die gerade laufende Erfindung von gleichgeschlechtlichen (homosexuellen, lesbischen) Elternpaaren ihren möglichen Kindern keineswegs schaden wird, sofern die genannten Bedingungen eingehalten werden.

Hier zeigen sich denn auch die Vorteile einer Argumentation auf, die sich auf erkennbare Grundbedingungen der Sozialisation konzentriert, nicht aber mit der bisher nicht zu beweisenden Annahme bestimmter personalen Betreuungsstrukturen operiert. Nicht die Betreuung durch bestimmte Personen (die Mutter, der Vater, die Familie…) ist offenbar zwingend notwendig, sondern die Erfüllung bestimmter Ansprüche des Kleinkindes. Die Betreuung, insbesondere durch die biologische Mutter oder durch die Familie mag, es sei erneut gesagt, in vielfältiger Weise vorteilhaft sein, doch ist sie, soweit jetzt erkennbar, keineswegs unersetzbar.

Die Erfüllung dieser Prinzipien ist weiterhin keineswegs an harte Grenzen gebunden, sondern wir besitzen eine durchaus enorme Flexibilität, um uns in Abhängigkeit von einer Fülle der auf uns einwirkenden Bedingungen positiv zu entwickeln. Gewisse Momente oder auch Phasen der ‚Distanzierung‘, oder des

Umgangs mit weniger feinfühligen Betreuungspersonen werden uns mit großer Wahrscheinlichkeit nicht schaden. Wie hat es eine Ärztin in der amerikanischen TV-Serie ‚*Modern Family*‘ passend ausgedrückt: Babys sind so konstruiert, dass sie ihre Eltern überleben können. Andererseits, es bleibt dabei: Je früher die genannten Prinzipien missachtet werden, je länger andauernd eine problematische Betreuungspraxis ist, und je extremer der Abstand zu den normalen Entwicklungsbedingungen wird, desto stärker ist irgendwann auch unsere gesamte Entwicklung beeinträchtigt.

Tragen als eleganteste Betreuungslösung

Würde man nun versuchen, die genannten Prinzipien in eine konkrete Betreuungspraxis zu verwandeln, so drängt sich zwanglos eine Methode als besonders einfach und elegant auf: das Tragen von Säuglingen und Kleinkindern. Durch das Tragen befinden sich die Kinder in unmittelbarer Nähe zu ihren Betreuungspersonen. Sie erhalten damit das zentrale Gefühl der Sicherheit und Geborgenheit. Sie stehen automatisch in einem grundsätzlich dialogisch-sozialen Prozess mit ihren Betreuern, was die Bindungsfähigkeit aufbaut und der Grundbaustein für den Aufbau sozial-emotionaler Intelligenz ist. Und sie können sich jederzeit, nach Belieben ihrer Umwelt öffnen und sich nach Belieben der ungeheuren Vielfalt der für sie neuen Umweltreize stellen. Hinzu kommen weitere, sekundäre Effekte, so z.B. die dauernde, massageähnliche Stimulation des kleinen Körpers während des Tragens, die einen automatischen Energieabfluss ermöglicht oder das Verdauungssystem unterstützt.

Demgegenüber muss unsere moderne Betreuungstechnik erneut in mehrfacher Hinsicht als ‚mangelhaft‘ und problematisch erscheinen: Babys verschwinden beispielsweise oft monatelang in Kinderwägen, in denen sie über viele Stunden hinweg nur ein vages Nähegefühl erhalten, viel schwächer in soziale Prozesse eingebunden sind, und nach oben hin kaum mehr als den Himmel wahrnehmen können.

Man muss eigentlich nur vergleichen, was für wache, glänzende Augen selbst nur wenige Wochen alte getragene Babys haben können, wenn sie vom sicheren Sitz ihrer Betreuungsperson in die Welt hinein schauen, um einen ersten Eindruck von dem gewaltigen Verlust an Dynamik für jene Kinder zu bekommen, die über viele Stunde mit der unerwarteten ‚Leere‘ ihrer Umwelt konfrontiert sind, die ihre Energie durch Strampeln und Zappeln abarbeiten müssen, und deren nach sozialen Kontakten und Nähe ausgehungertes Gehirn nur für wenige Minuten am Tage echte Nahrung hält. Und man muss nur die vielfach müden, gleichsam ‚leeren' Gesichter der Kinder betrachten, die einer problematischen Sozialisationspraxis ausgesetzt sind, um einen ersten Eindruck vom Verlust an Lebensfreude zu bekommen. Es ist dann, vor diesem Hintergrund, kein Geheimnis mehr, warum es in unserer Gesellschaft so viele Schreikinder gibt, so viele Probleme mit Kindern, die nicht schlafen können, von Kindern, die schon im zartesten Alter Therapien brauchen, und später immer öfter – während diese Sorgen in den ‚einfachen' Gesellschaften der sogenannten Entwicklungsländer (bislang) weitgehend unbekannt waren, wenn sie jetzt auch dort zunehmend ankommen.

Dennoch ist klar: Auch unsere modernen Sozialisationspraktiken sind keineswegs per se schädlich – wir sind robust genug konstruiert, um für gewisse Phasen damit zurechtzukommen. Aber sie bedürfen eines sehr viel bewussteren Managements und ein Wissen über ihre Problematik im Vergleich zum Betreuungsmodell des Tragens. Kinderwägen, Einzelbetten und Autositze können (und müssen wohl, was Autositze angeht) verwendet werden – aber in Maßen und unter der Prämisse, dass sie nicht als Betreuungsformat dominieren dürfen.

Die Orientierungen dieses Kapitels über die drei grundlegenden Prinzipien einer Sozialisationspraxis, die unsere gegebenen, eingeborenen Ansprüche erfüllt, muss nun in unser modernes Leben ‚übersetzt' werden. Will man das Problem des unfreiwilligen Geburtenrückgangs – und letztlich der isolierenden Sozialisationspraxis – an der Wurzel packen, so muss überlegt werden, wie wir unsere heutigen Sozialisationsformen in eine Richtung verändert werden können, die sie wieder mit unseren Grunderwartungen an Entwicklung versöhnt. Entgegen den Befürchtungen mancher ist es dabei keineswegs nötig, das Rad in die Vergangenheit oder gar in die ‚Steinzeit' zurückzudrehen. Vielmehr erscheint die Versöhnung von ‚Moderne' und angemessener Sozialisationspraxis sogar relativ einfach, auch unter den Prinzipien des Kapitalismus und der Gleichberechtigung, wenn man, unter Einhaltung der oben genannten, wie gesagt recht offenen Prinzipien, nach Lösungen sucht.

Kapitel 11: Die Neujustierung der modernen Sozialisations-
praxis

Der grundsätzliche Ratschlag, den man den Ländern mit sinkenden Geburten- und Bevölkerungszahlen geben kann, ist nun denkbar einfach: Es gilt alle Maßnahmen zu ergreifen, um den neu geborenen Generationen die oben genannten drei universellen Sozialisationsansprüche zu gewährleisten, oder sich ihnen zumindest so nahe wie möglich anzunähern.

Diese Aufgabe wird zugegebenermaßen im Detail, auf der Basis der heutigen Sozialisationsgewohnheiten und unseres modernen Lebensstils, nicht immer einfach sein, wenn auch durch Willen, Kreativität und Flexibilität ohne weiteres Lösungen erkennbar sind. Und diese Aufgabe verlangt darüber hinaus einen langen Atem. Die so ‚neu' erzogenen Kinder müssen ja erst einmal heranwachsen – und erst sie werden in anderer Weise mit ihrem Nachkommenswunsch umgehen können. Zudem müssen die jetzt normalen, historisch aber einzigartigen Betreuungsformen in einem aufwändigen gesellschaftspolitischen Diskurs erst einmal diskutiert, hinterfragt und dekonstruiert werden. Die bis in das Mark unserer Persönlichkeit gehenden Veränderungen müssen erkannt werden. Es handelt sich also um eine Generationenaufgabe. Aber wer diesen langen Atem mitbringt, der wird schließlich auch mit einer einzigartigen Trendwende belohnt werden: einer allmählichen Stabilisierung und Normalisierung der speziellen Geburten- und der Bevölkerungsentwicklung, aber auch, als Nebenprodukt, mit einer absehbaren und so dringend notwendigen De-Eskalierung der immer schnelleren Gesellschaftsdynamik.

Einige wichtige Ausgangspunkte für die notwendige Neuverhandlung der Sozialisationspraxis waren bereits genannt worden: Wir befinden uns nach der hier erarbeiteten These außerhalb der gewaltigen, vielfach emotional aufgeladenen Auseinandersetzung um die Übernahme der Betreuungsarbeit, um die Folgen für die Gleichberechtigung und die Organisation von Arbeit, außerhalb des immensen Kampfes zwischen ‚alter' und ‚neuer' Gesellschaft, oder, politisch ausgedrückt, zwischen ‚rechts‘ und ‚links‘. Die oben formulierten Sozialisationsansprüche, strikt an den erkennbaren, grundsätzlichen Entwicklungsnotwendigkeiten orientiert, erlauben es keineswegs, so war argumentiert worden, ganz bestimmte personale oder institutionelle Erziehungsstrukturen zu bevorzugen. Ihre Besonderheit liegt vielmehr darin, dass sie eine Vielzahl von personalen oder institutionellen Betreuungsformen erlauben – aber immer unter der Bedingung, dass unsere speziellen menschlichen Ansprüche an Nähe, Sicherheit und Ansprache eingehalten werden. Entsprechend muss die jetzt in Angriff genommene Diskussion über den notwendigen Umbau unserer modernen Sozialisationspraxis keineswegs in die vorgefertigten Reflexe verfallen: Weder steht die Rückkehr der Frauen an Heim und Herd zur Disposition, noch wird einer völligen Turbo-Kapitalisierung, einer Auflösung unserer etablierten Sozialisationsformen, das Wort geredet. Es geht vielmehr immer darum, die heutige Betreuungspraxis kritisch zu analysieren und überall dort, wo eine Mangelbetreuung (im Sinne der oben genannten Aspekte) sichtbar wird, nach neuen Möglichkeiten zu suchen. Entsprechend gilt denn auch, dass weder etwas grundsätzlich gegen die häusliche als auch gegen die institutionelle Betreuungsform spricht, sondern dass innerhalb der jeweiligen Betreuungswahl nach jenen Schwachstellen zu fahnden ist, welche die oben berichteten, dramatische Konsequenzen für uns haben.

Allgemein lässt sich feststellen, dass in der heutigen westlichen Welt eine Vielfalt von Betreuungsformen und Übergängen zwischen den Extremen einer ausschließlich häuslichen (häufig immer noch dominant mütterlichen) und einer weitgehend institutionellen Betreuung über Tagesmütter, Krippen oder Kindergärten besteht. Dabei bestehen viele, sehr feine Unterschiede in der genauen Aufteilung der Betreuungsverantwortung. Manche Eltern entscheiden sich beispielsweise dafür, ihre Kinder sehr früh, nach nur wenigen Wochen, in die Hände einer Tagesmutter oder Krippe zu geben, so dass sie ihre Kinder nur am Abend oder am Wochenende sehen. Öfters beginnt der Übergang nach einem Jahr oder später, vielleicht zunächst nur stundenweise, über eine Tagesmutter, um sich dann später vielleicht zu einer Vormittags- und noch später zu einer Ganztagsbetreuung in einem Kindergarten zu entwickeln. Wie nun lassen sich die so vielen verschiedenen Betreuungsformen auf dem Hintergrund der hier vorgestellten Erkenntnisse bewerten –und verbessern? Folgende Punkte, als

Ratschläge formuliert, können erste Anhaltspunkte für eine gesellschaftspolitische Diskussion sein:

1. Gebt den Kindern konkrete Nähe!

Im Rahmen fast aller heutigen ‚modernen' Betreuungsformen herrscht ein akuter Mangel an konkreter, körperbetonter Nähe – abgesehen von jenen Personen, die von sich aus eine gesunde Einstellung zum Umgang mit ihren Babys gefunden haben. In aller Regel behandeln wir unsere Kinder wie ‚Nesthocker', obwohl wir eigentlich als ‚Tragling' geboren sind (Bensel 2008): Babys und Kleinkinder verbringen den meisten Teil ihrer ersten Lebensmonate und Jahre im Liegen und neuerdings auch im Sitzen, in Kinderbetten, auf dem Boden, in Kinderwägen und Autositzen. Der direkte, körperliche Kontakt bemisst sich vermutlich für die meisten Kinder in der ganzen ersten Lebenszeit auf die wenigen Minuten der bewussten Kommunikation (‚*prime time*') oder der ‚technischen' Betreuung (z.B. Füttern). Diese moderne Entwicklung einer Auflösung konkret erfahrbarer Nähe – und damit der Einführung von Isolationserfahrungen aus der Sicht der Babys – ist in historischer Perspektive ein höchst problematisches Extrem und einer der zentralen Gründe für die Entstehung des Isolationseffektes à la Harlow bei unseren Kindern. Ihn gilt es auf ein vernünftiges Maß zurück zu drängen.

Kinder sollten folglich möglichst häufig und lange getragen werden, insbesondere in den ersten Lebensmonaten, während alle anderen modernen ‚Aufbewahrungsmethoden' als Methoden der ‚zweiten Wahl' anzusehen wären, die man eher später und nur als Notlösung verwenden dürfte. Ebenso sollte man Kinder nicht alleine schlafen lassen, sondern die Betreuungsperson müsste mit ihnen zusammen die Nacht verbringen. Es ist übrigens auffällig, wie Menschen in Gesellschaften reagieren, in denen die ‚alten' Betreuungsformen der Nähe bis heute normal sind: Auf der Insel Madagaskar beispielsweise reagieren die meisten Menschen entsetzt bis ungläubig auf die europäischen Betreuungsformen der Distanz und sehen sie ganz automatisch als Quälerei an. Hier hat sich das unmittelbare Verständnis der ‚alten' Sozialisationspraxis erhalten. Die erwachsenen Europäer hingegen, eben selbst geprägt in ihrer frühen Entwicklungsphase durch eine distanzierende Form der Betreuung, ist dieses Gefühl abhandengekommen, oder besser: abtrainiert, worden.

Davon ausgehend geht es darum, die Forderung der physischen, möglichst kontinuierlichen Nähe in die heute existierenden Erziehungsstrukturen zu integrieren. Dazu brauchen sowohl Familien als auch die institutionellen Strukturen vielfältige, fachliche und vor allem auch finanzielle Unterstützung. Insbesondere muss die Ratio von Kind und Betreuungsperson erheblich, idealerweise auf ein 1:1-Verhältnis, gesenkt werden. Ebenso erscheint es eher sinnvoll, eine intensive Einbindung von ‚Fremdbetreuern‘ in die Familien zu gewährleisten. Dazu gleich mehr.

2. Das Tragen als private und gesellschaftspolitische Aufgabe

Vor dem Hintergrund des ‚Nähepostulats‘ ist eine zweite Maßnahme offensichtlich: Es gilt das Tragen wieder gesellschaftsfähig zu machen.

Dabei ist klar, dass eine solche Betreuungspraxis im Vergleich zu den heute normal gewordenen Betreuungsformen in verschiedener Hinsicht als problematisch wahrgenommen wird. Eine derartige Betreuungspraxis ist körperlich anstrengender und fordert eine ständige Reaktionsbereitschaft der Betreuungsperson, während das Ablegen des Babys Raum für viele andere Tätigkeiten schafft und, in der institutionellen Versorgung, auch wirtschaftlicher ist. So lassen sich drei, fünf, vielleicht sogar 10 Säuglinge (rudimentär) durch eine Person versorgen. Dazu kommt, dass das Tragen in manchen gesellschaftlichen Kreisen als wenig elegant, als ‚altbacken‘, betrachtet werden, im Vergleich zur ‚schicken‘ Betreuung der Distanz, die die Autonomie der betreuenden Person betont.

Nun lässt sich durchaus hinterfragen, woher eine etwaige Abwehrreaktion gegenüber dem Tragen kommt und warum eine derartige Betreuungsform häufig als schwierig angesehen wird. Beobachtet man Frauen in den Gesellschaften, in denen eine tragende Betreuungsform dominiert, so zeigen sich nämlich durchaus viele, auch praktische Vorteile. Man muss keine komplizierten Wägen mit großer Ausrüstung durch die Straßen und das Gedränge schieben, sondern ist wendig und flexibel. Weiterhin zeigt sich, dass Frauen, die ihr Kind tragen, sehr wohl zahlreiche Arbeiten erledigen können. Gerade in den ersten Monaten schlafen Säuglinge sehr viel, aber auch später sind die Babys keineswegs im Mittelpunkt, sondern einfach dabei. Man wendet sich ihnen gelegentlich zu, aber diese Kinder stehen vermutlich viel weniger im Mittelpunkt, als bei den modernen Familien. Und weil sie sich sicher und wohl fühlen, bedürfen sie viel

Abb. 5: Ein getragenes Kind – Zukunft oder Vergangenheit?
(in Antananarivo, Madagaskar, März 2018; Foto: Autor)

Das Tragen von Kleinkinder ist eines der Schlüsselkonzepte zur Vermeidung einer isolierenden Sozialisationspraxis – und damit indirekt auch der ‚deprivativen Unfruchtbarkeit' und des Geburtenrückgangs.

weniger Aufmerksamkeit als die gestressten Kinder unserer heutigen Normalität.

Gleichwohl ist klar: Die Praxis des Tragens ist keineswegs einfach mit den gewaltigen Ansprüchen des modernen Lebens vereinbar. So kann man beispielsweise feststellen, dass das andauernde Tragen eines Kindes über zwei oder drei Jahre hinweg durch *eine* Person auf Dauer sicherlich zu einer enormen physischen und psychischen Belastung werden kann. Schaut man genauer hin, so zeigt sich, dass in den Gesellschaften, in denen das Tragen weiterhin dominiert, die Belastung in der Praxis häufig – und buchstäblich – auf mehrere oder viele Schultern verteilt werden kann. Fast immer gibt es jüngere Familienmitglieder oder Verwandte, die täglich einspringen und die Betreuungsperson, meist die Mutter, entlasten. In unserer modernen Gesellschaft mit ihren vielfach isolierten Familien ist dies selten möglich. Ein anderes Problem ist, dass das häufige Tragen von Kindern gerade typische Tätigkeiten unserer heutigen Welt – insbesondere (administrative, bürokratische, wissenschaftliche…) Schreibtischarbeiten – sehr schwierig macht. Außerdem dürfte eine kleine Familie spätestens mit der Geburt eines weiteren Kindes im Abstand von weniger als drei Jahren von einer tragenden Betreuung rasch überfordert sein.

Genau hier setzt aber auch die gesellschaftspolitische Aufgabe an. Pro Lebenssituation einer Familie, eines Kindes, muss überlegt werden, inwieweit neuartige Lösungen gefunden werden können, um jene unerlässlichen Standards einzuhalten, die nach den oben formulierten Bedingungen eine normale Entwicklung gewährleisten. Hier müsste eine Diskussion über Möglichkeiten der Entlastung einsetzen: Könnte man beispielsweise Familien nicht anbieten, Tagesmütter in den Familienalltag mit einzubinden? Für die Kosten, die hierbei entstehen, sollte eine angemessene Aufteilung zwischen Gesellschaft und Familie oder Betreuungsperson gefunden werden. Frauen, die nicht arbeiten, könnten vielleicht in den ersten drei Jahren ein kostenloses ‚Stundenkontingent‘ für den Einsatz qualifizierter Tagesmütter erhalten – und müssen darüber hinaus genommene Stunden erst teilweise, dann ganz bezahlen. Berufstätigen Frauen (und natürlich auch Männern) könnte man hingegen in Abhängigkeit von Ihren Einnahmen anteilig belasten.

Die Kostenfrage stellt sich natürlich insbesondere bei den jetzt schon teuren Krippen und der Betreuung der Kinder bis drei Jahre. Gleichwohl muss gerade die hier zu beobachtende Situation aus der Sozialisationsperspektive als besonders dramatisch bewertet werden, da nicht selten eine Erzieherin für drei, fünf oder gar mehr Säuglinge verantwortlich ist. Spätestens wenn eine oder mehrere Kolleginnen ausfallen wird die Krippe eher zu einem ‚Abschiebebahnhof‘ für die Kleinsten, als dass sie eine positive Erziehungsfunktion übernimmt. Hier führt kein Weg daran vorbei: In den ersten drei Jahren eines Kindes muss das Verhältnis von Betreuung und Kind möglichst niedrig, idealerweise paritätisch sein. Dies wird hohe finanzielle Mittel benötigen, mal abgesehen von der ebenso notwendigen Verbesserung der Ausbildung sowie der besseren Bezahlung der Erzieherinnen.

Nun gibt es aber gute Gründe, diese Mittel dafür auch bereitzustellen: Unser heutiger Wohlstand und die florierende Wirtschaft beruhen in hohem Maße auf der möglichst unumschränkten Einsatzbereitschaft der Individuen. Diese Personen verzichten mittlerweile häufig auf Kinder – oder sie können sich nicht in ausreichender Weise um diese kümmern. Eine defizitäre, isolierende Sozialisationspraxis wird bislang als ‚normal‘ in Kauf genommen – ohne dass man bedenkt, welche gewaltigen Folgen für die Individuen und welche Folgekosten für die Gesellschaft entstehen. Man kann auch sagen: Die Kosten für den Wohlstand werden auf dem Rücken der schwächsten Gesellschaftsmitglieder, der Kinder und Familien, erzeugt – denn die vielfältigen Schäden, die hier entstehen, bleiben in der ökonomischen Kalkulation unberücksichtigt. Vielmehr müssen die Individuen und Familien bislang selbst sehen, wie sie damit zurechtkommen. Familien, in denen die Eltern versuchen, ein Stückweit eine Betreuung im hier gemeinten Stil zu gewährleisten, werden gesellschaftlich sogar ‚bestraft‘, z.B. durch einen geringeren beruflichen Erfolg. Insoweit ist es ohne weiteres angemessen, ein gutes Stück des so erzeugten Wohlstandes zu investieren, um die gravierenden Missstände zu beseitigen. Gleichzeitig ließen sich Mittel wie das nach dem ‚Gießkannenprinzip‘ verteilte Kindergeld weit sinnvoller in die hier skizzierte Finanzierung umschichten.

Entsprechend des Gebots einer auf das Tragen ausgerichteten, von Nähe geprägten Sozialisationsform wäre es letztlich vermutlich vernünftiger, eher über ein individuelles Betreuungssystem nachzudenken. Eltern sollten dann, nach Maßgabe ihrer Bedürfnisse und ihres Einkommens einen Anspruch auf eine ständige, persönliche Tagesmutter haben, mit einer Aufteilung der Kosten nach den oben erwähnten Argumenten. Diese Tagesmütter (und -väter) wiederum sollten eine bessere Ausbildung und ein besseres Einkommen erhalten – denn der Ersatz der Mutterrolle kann nur gelingen, wenn Kenntnisstand, Lohn und damit auch die Motivation stimmen.

3. Ein breiter gesellschaftlicher Diskurs

Schließlich gilt es, die drei im vorangegangenen Kapitel genannten Sozialisationsprinzipien in den Mittelpunkt eines breiten gesellschaftlichen Diskurses zu stellen und über alle verfügbaren Mittel der modernen Kommunikation in die Gesellschaft hineinzutragen. Es gilt ein Bewusstsein über die Wichtigkeit dieser Prinzipien zu schaffen, über die Problematik einer isolierenden Sozialisationspraxis zu informieren oder das verschüttetes Bewusstsein über unsere ‚geheimen' Ansprüche an unsere Entwicklung wieder zu wecken. Damit geht es auch darum, eine neue, angemessene Rhetorik zu entwickeln, über die die Attraktivität und Normalität der hier gemeinten Sozialisationspraxis (wieder) in die Bevölkerung hineingetragen werden kann.

Ein solcher Diskurs wird zunächst mit großer Wahrscheinlichkeit auf Schwierigkeiten stoßen. Gerade diejenigen nämlich, die in den zweifelhaften ‚Genuss' der heute bevorzugten problematischen Sozialisationspraxis kamen, werden nach meiner Beobachtung häufig mit rationalistischen Argumenten gegen jede Änderung ankämpfen. Dies liegt, so vermute ich, auch an der nur scheinbar widerspruchsvollen Logik der Dinge: Verlangt die namenlose Dramatik und Verzweiflung der versteckten Entwicklungstraumata, die sich im Kontext einer problematischen Sozialisationspraxis unausweichlich in die Körper ‚eingebrannt' haben, nicht, dass man sie nie wieder anrührt, sich von ihnen mit aller Kraft entfernt, irgendwo anders nach Lösungen sucht? Dies wäre eine recht nachvollziehbare Reaktion. Doch man kann darauf vertrauen, dass im Laufe der Zeit, mit jeder neuen Generation, die ins Leben tritt, dieser Kampf an Bedeutung verliert.

Es gilt letztlich Familienpolitik von den hier entwickelten Bedingungen neu zu denken. Auf der Basis der jetzt erreichten, historisch einmaligen Situation der Sicherung äußerer, physischer Bedingungen, muss nun für die viel zu lange vernachlässigte Einhaltung der Bedingungen psycho-sozialer Gesundheit gesorgt werden. Es muss erreicht werden, dass ein Verständnis für die Problematik jenes Teils moderner Sozialisationspraxis wächst, dass aus der Perspektive von

Kleinkindern zur Erfahrung von Distanz und Isolation führt – auch wo wir modernen Erwachsenen meinen, dass doch ‚für alles' gesorgt sei. Als ‚Belohnung' winken eine langfristig stabile Persönlichkeitsentwicklung und, als spezieller Effekt, eine neue Normalität im Umgang mit der eigenen Fertilität – als Voraussetzung für das Ende der heutigen Niedrigst-Geburtenraten.

Kapitel 12: Wir haben die Zukunft wieder in der Hand

Das Ergebnis dieser *tour de force* in den vorangegangenen Kapiteln ist für die Länder mit dem Problem des Geburtenrückgangs zunächst ein zutiefst tröstliches: Sie sind nicht mehr die Gefangenen eines unerbittlich voranschreitenden, geheimnisvollen Vorgangs. Sie müssen nicht mehr befürchten, sich zwanghaft durch ein neuartiges ‚Naturgesetz' auf allen Ebenen zu verändern, durch einen Vorgang, der ihre Kultur und Gesellschaft selbst in Frage stellt. Sie müssen sich nicht einem seltsamen demographischen, scheinbar unausweichlichen, ‚Übergang' unterwerfen, der in widersprüchlicher Weise, als scheinbar unausweichlicher Preis für die einmalige historische Stabilität, Sicherheit und Wohlstand unserer Moderne einen Rückgang der Kinderzahlen, einen einmaligen Rückzug der Bevölkerung von dem eigenen Nachwuchswunsch mit sich bringt. Die derzeit so massiv verunsicherten Gesellschaften haben ihre Zukunft wieder in der Hand.

Es scheint nur ein kleiner, höchst unwesentlicher Schritt zu sein, von einer dem Tragen, der echten Nähe verpflichteten Betreuungsform, zu einer ‚liegenden' Sozialisation. Ein kleiner, höchst unwesentlicher Schritt für die Menschen, die die wenig erwachsenen Ausdrucksfähigkeiten von Kleinkindern immer noch mit ‚unwesentlich' gleichsetzen. Die meinen, dass die ‚paar Monate' nach der Geburt nichts Bedeutendes sein können, kaum mehr als ein geradezu automatisches, gleichsam ‚maschinelles' Heranwachsen.

Sie täuschen sich gewaltig, so hat sich auf den vergangenen Seiten wieder und wieder gezeigt. In diesen ersten Monaten unseres Lebens werden wesentliche Grundlagen unserer gesamten Persönlichkeit geschaffen, ein Zusammenspiel von physischen, emotionalen, sozialen und kognitiven Grundlagen, auf denen wir unser ganzes Leben aufbauen, die uns in umfassender Weise zu dem befähigen, was wir können und tun, aber auch Grenzen setzen, die wir kaum überschreiten können, Grundlagen, denen wir nie mehr entfliehen können. Die Missachtung basaler Sozialisationsansprüche, insbesondere der von Nähe,

Sicherheit oder Geborgenheit, führt zu einem höchst fatalen Dominoeffekt an Folgen. Die Überforderung durch den Schock andauernder Isolierung und die Entstehung von Entwicklungstraumata gehen so tief, sind so radikal, bis in unsere konkreten physischen Strukturen hinein, lassen uns so sehr orientierungslos zurück (Levine 2011), dass selbst eine so überaus starke Kraft wie unser Nachwuchswunsch zugedeckt wird, uns nicht mehr leicht zugänglich ist. Wir werden ‚kompliziert‘, für uns und für andere, wir haben uns plötzlich auf den Weg der ‚Selbstverwirklichung‘ zu machen, auf den Weg der alles beanspruchenden Karriere, wir finden keinen geeigneten Partner (trotz mittlerweile fast 8 Milliarden Menschen), und wir sind natürlich, trotz sensationell guter Bedingungen nie ‚bereit‘ für ein Kind.

Und das ‚Beste‘ ist: Wir glauben zugleich fest daran, dass wir die Fäden selbst in der Hand haben, dass wir in aller Freiheit über unser Schicksal entscheiden. Dabei sind wir Getriebene, getrieben nämlich von dem mächtigen Gefühl, dass ‚etwas‘ fehlt, einem Gefühl, dass uns kraftvoll vorantreibt, für dass wir alle unsere Kräfte mobilisieren, da wir nur so Rettung zu erlangen glauben – einer der wenigen uns verfügbaren Hinweise auf den tiefgreifenden Mangel, der wir in den ersten Lebensjahren erlitten haben. Alleine, wir suchen die Rettung in natürlicher Weise fast immer nur irgendwo da draußen, nie in uns selbst, denn die wahren Gründe unserer Persönlichkeitsentwicklung bleiben uns hermetisch verborgen – denn sie waren ja vor der Entstehung unseres Erwachsenenbewußtseins am Werke.

Die Entdeckung von den Ursachen des Geburtenrückgangs führt aber auch zu einer entsetzlichen Einsicht: Der Geburtenrückgang ist das Resultat eines in der Tat höchst grausamen Vorgangs. Eltern, die meinen, sie tun alles für ihre Kinder, entziehen ihnen in Wahrheit den Zugang zu einer ganz wesentlichen Voraussetzung für eine positive Entwicklung. Sie sind nicht mehr in der Lage zu erkennen, dass ihre eigenen Kinder mehr bedürfen, als Nahrung, Kleidung, materielle Güter und die Rund-um-Organisation, die man heute so sehr in den Vordergrund stellt. Sie verstehen nicht, dass sie durch die subtile Verweigerung von Nähe, die unsere moderne Sozialisationspraxis mit sich bringt, eine Entwicklung befördern, die ihre Kinder in heimlicher Weise traumatisiert und ihnen, neben anderen Folgen, eine basale, existentielle Möglichkeit des Verhaltens entzieht: Der Möglichkeit, einmal in selbstverständlichen Weise selbst Kinder zu bekommen.

Ihre Kinder leiden in schrecklicher, namenloser Weise. Sie verstehen nicht, was passiert, aber sie erleiden es. Sie versuchen auf ihre Weise, über ihr Verhalten, ihren Betreuungspersonen zu vermitteln, dass etwas nicht stimmt, sie werden zu Schreikindern, zu ADHS-Kindern und zu all den anderen Problemkindern mehr, aber in aller Regel schaffen sie es nicht, ihre Eltern und Betreuer zu einem anderen Verhalten zu bewegen. Und so beginnt ein Entwicklungsweg, der in der Folge für sie häufig genug viele weitere schreckliche Leiden und Probleme bereithält. Die gewissermaßen unvollendete Persönlichkeit kann für lange Zeit, für viele Jahre und Jahrzehnte in einem Strudel widersprüchlicher Gefühle und Phantasien gefangen bleiben, die oft noch nach Jahrzehnten in Süchte, Depressionen einmünden – oder aber in gewaltigen Schlägen gegen die Umwelt, gegen ‚die‘ Gesellschaft. Die so seltsamen Amokläufe von Jugendlichen in den modernen Ländern sind nur ein Beispiel. Werden die so gezeichneten Kinder selbst zu Eltern, so sind sie erst recht nicht mehr in der Lage zu erkennen, was ihre Babys jenseits physischer Bedürfnisse brauchen, sie sind überfordert und vertiefen jene Züge, die ihre eigenen Eltern in ihnen angelegt haben.

Und so ist es denn letztlich auch kein Wunder, dass Eltern nicht mehr die Ansprüche ihrer Kinder verstehen. Ebenso wird verständlich, warum wir nicht in der Lage sind, die wahren Gründe des Geburtenrückgangs ausfindig zu machen, warum wir uns mit der Beschreibung des Vorgangs, mit den vielen schönen Statistiken begnügten, warum wir über Jahrzehnte und Jahrhundert so unendlich fleißig bei der Erfassung von Daten waren, aber unfähig, uns selbst ins Spiel zu bringen: Wir sind uns, im Laufe einer bedrohlichen Spirale von falscher Sozialisationspraxis und Deprivation, allmählich selbst fremd geworden. Wir verstehen uns und die Welt nicht mehr. Wir kommen fremd und gehen fremd, so ein verbreitetes Lebensgefühl, wie es der deutsche Romantiker Wilhelm Müller Anfang des 19. Jahrhundert in einem bekannten Gedicht formulierte – und dies sicherlich mit guten Grund. Mit großer Wahrscheinlichkeit ist dieses Gedicht und die Bewegung der Romantik nicht anders als der dichterisch überhöhte Ausdruck eines Lebensgefühls, das zunehmend von der bereits aufkommenden Problematik isolierender Betreuungspraktiken geformt wurde.

So ist denn auch die mittlerweile 200 Jahre vergebliche wissenschaftliche Diskussion des Geburtenrückgangs selbst als durchaus amüsantes Dokument für die Eigenart und Verborgenheit dieses Ursachengefüges lesen. Hier zeigt sich, wie die Suche der Wissenschaftler, die ja doch wohl unausweichlich selbst

Teil und Ergebnis der neuen Sozialisationspraxis waren, in alle Richtungen geht, wie sie die Widersprüche der Dynamik erkennen, wie sich häufig eine große Unruhe und Besorgnis erkennen lässt, die über das rein intellektuelle Problem hinausgeht – wie sie aber dennoch weit davon entfernt waren und sind, eine Verbindung zu sich selbst herzustellen. Sie sind außerstande zu erkennen, dass die Antriebsfeder zum Geburtenrückgang jenseits rationaler Erwägungen der Eltern oder der äußeren Bedingungen liegen kann, da ihnen, wie allen anderen auch, die Besonderheiten des menschlichen Entwicklungsprozesses unzugänglich und verschlossen sind, denn diese liegen vor dem Beginn unseres Bewusstseins, liegen quasi vor dem Anbeginn aller Zeit – und existieren somit nicht.

Die Auseinandersetzung mit den Ursachen des Geburtenrückgangs führt also zu etwas – scheinbar – völlig Unerwarteten: Es gibt keinen Grund in unserer Außenwelt, es sind keineswegs unsere rationalen ökonomischen Entscheidungskriterien, die uns dazu bringen, immer weniger Kinder zu wollen, wie uns die Demographen und unser rationaler Menschenverstand seit langen einreden wollen. Der Grund liegt vielmehr in uns selbst, in einer bemerkenswerten Veränderung unserer Entwicklung, mit Folgen, die uns als gesamten Menschen, als Persönlichkeit betreffen. Ist die Bedeutung der ‚inneren Veränderungen‘ – physisch und psychisch – durch die isolierenden Sozialisationspraktiken erst einmal erkannt, dann ist der Zusammenhang von Sozialisation und Geburtenrückgang keineswegs mehr seltsam, als würde man völlig unabhängige Dinge verbinden, sondern, im Gegenteil, völlig konsequent und logisch. Und damit wird auch klar: Wenn wir die Ursachen des Geburtenrückgangs verändern, so werden wir uns unausweichlich auch selbst verändern müssen, unsere Art zu Denken und zu Fühlen, aber auch unsere Gesellschaft und Kultur.

Die Länder und Gesellschaften, die sich auf diesen neuen Weg einer Befreiung von belastenden Betreuungspraktiken machen werden, haben nun ein machtvolles Instrument in der Hand: Sie können durch eine neue Sozialisationskultur allmählich den Weg bereiten für eine neuartige demographische, aber auch kulturelle und soziale Stabilisierung. Dieser Weg bietet aufregende Perspektiven und er bedarf einer ausgeprägten Begleitung. Es muss gezeigt werden, dass Modernisierung und eine Sozialisationspraxis, die unsere echten Ansprüche erfüllt, sehr wohl zusammenpassen. Die Länder und Gemeinschaften, die diesen Weg gehen, können gelassen erwarten, dass die neu heranwachsenden

Generationen ein grundsätzlich positiveres Lebensgefühl besitzen. Sie sollten sich dabei auch um eine neue demographische Rhetorik bemühen, entsprechend der zu erwartenden Normalisierung der individuellen Haltung gegenüber Kindern. Insoweit Kinder wieder ein Stück mehr zur Normalität gehören werden, indem es eine Moderne mit Kindern geben wird (und nicht ohne oder gegen sie, wie bislang), kann sich auch der familienpolitische Diskurs normalisieren. Es wird nicht mehr nötig sein, eine halbwahre, ideologisierte Diskussionsschlacht für oder gegen Kinder, für oder gegen ein bestimmtes Betreuungsmodell (in Bezug auf die Betreuungspersonen) zu führen. Und wir können von dieser neu gefundenen Normalität aus in einer viel erwachseneren Weise der Frage zuwenden, wie wir ein angemessenes Gleichgewicht zwischen den Möglichkeiten unseres Planeten und der weiteren demographischen Entwicklung herstellen können.

Abschluss:

Geburtenrückgang, Isolation und Zivilisationsprozess

Am Anfang stand ein klar umrissenes, scheinbar höchst spezielles Problem: Der seltsame Rückgang der Geburtenrate in immer mehr Ländern und die davon ausgehende Lawine von gewaltigen Folgen für die davon betroffenen Gesellschaften.

Zur Eigenart des Problems gehörte die höchst ‚ungemütliche‘ Verquickung von etwa Privaten, höchst Intimen, mit der Gesellschaft, mit der gesellschaftlichen Entwicklung. Die Entscheidung für oder gegen Kinder fällen die Einzelpersonen – die Auswirkungen aber trägt unausweichlich die Gesellschaft. Während man in der Vergangenheit in den meisten Ländern darauf vertrauen konnte, dass es immer genug oder sogar zu viel Nachwuchs gab, nimmt seit gut 150 Jahren eine umgekehrte Entwicklung ihren Lauf: Trotz immer besserer äußerer Bedingungen bekommen die Menschen in einer immer größeren Zahl an Ländern immer weniger Kinder – und in vielen Ländern sogar so wenige, dass die Bevölkerungszahl zurückgeht. Wie eine Epidemie hat sich die Dynamik einer sinkenden Geburtenzahl von Frankreich aus in die Welt verbreitet und ist ein globales Phänomen geworden.

Bis heute ist man sich uneins, wie man diese seltsame Entwicklung einordnen und wie man darauf reagieren soll. Ist es eine ‚Bedrohung‘ die nach Gegenmaßnahmen drängt? Oder sollte man diese Verhaltensänderung einfach als normalen Teil der Moderne ansehen und den Dingen ihren Lauf lassen?

Als man auf den Geburtenrückgang im 19. Jahrhundert aufmerksam wurde, war die erste, durchaus natürliche Reaktion eine Alarmstimmung. Man sah die Gesellschaft bedroht und versuchte durch familienpolitische Maßnahmen gegenzusteuern. Das ist nachvollziehbar: Wenn es ohne Kinder keine Zukunft geben kann, dann muss ein weniger an Kindern doch als Hinweis auf ein grundsätzliches Problem gewertet werden. Allerdings zeigt sich nach und nach, dass es sich eher um ein vages Gefühl handelte, denn um eine begründete Einsicht. Im Zeitalter des Nationalismus mochte man ein weniger an Kindern als Gefahr für die Zukunft des Landes ansehen. Aber das war nur vernünftig, solange man das Wohl der Gesellschaft über das Wohl des Einzelnen stellte.

Allmählich wurden denn auch die argumentativen Schwächen einer solchen Haltung herausgestellt: Wenn die Entscheidung über eigene Kinder recht einfach nachvollziehbar dem Individuum zusteht, woher soll die Gesellschaft die Berechtigung nehmen, die Motivation ihrer Mitglieder so zu beeinflussen, dass sie davon profitiert? Oder anders gesagt: Warum überhaupt soll man Kinder für ‚die‘ Gesellschaft bekommen? Für die Rettung der Rentenversicherung und anderer Sozialsysteme? Und was sprach überhaupt für Kinder in einer bedrohten Welt, in der die Überbevölkerung als massive Gefahr erscheint? Man wies, durchaus überzeugend, darauf hin, dass die absolute Zahl der Menschen auf unserer Erde doch weiterhin rasant zunimmt, und die Abnahme der Bevölkerung in einigen Ländern im Gesamtbild nicht bedeutsam, insgesamt vielleicht sogar wünschenswert sei. Darüber hinaus konnte der durch die negative Geburtenentwicklung vorausgesagte angebliche Untergang des Sozialstaates und überhaupt der Gesellschaft entgegen aller Sorgen bislang sehr wohl erfolgreich vermieden, der Wohlstand gar gesteigert, die Argumentationen jener, die für Maßnahmen gegen den Geburtenrückgang eintreten, teilweise als biologistisch eingeordnet werden.

Gleichwohl und bis heute haben alle scheinbar so vernünftigen, ‚rationalen‘ oder progressiven Argumentationen in Bezug auf den Geburtenrückgang das ‚dumpfe‘ Gefühl einer ‚dunklen Bedrohung‘ nicht auslöschen können. Trotz dieser modernen Rhetorik existiert der Wunsch, etwas gegen die Abnahme der Geburtenrate zu tun, offenbar gegen alle Vernunft weiter, wie ein Überbleibsel aus einer alten Welt, und wird weiterhin in vielen Ländern, wenn auch häufig in einer ‚verkleideten‘ Form unterstützt. Zwar steht man in Deutschland (zumindest zurzeit) eher auf der Seite jener, die sich nicht in die privaten Entscheidungen für oder gegen Kinder einmischen wollen, doch sollen die familienpolitischen Maßnahmen eben letztlich doch auch hier dazu beitragen, dass mehr Kinder geboren werden. Es ist eine seltsame, widerspruchsvolle Gratwanderung, ein ‚Kuddelmuddel‘, dass letztlich darauf hinweist, dass die Zusammenhänge nicht bis ins das Letzte hinein verstanden sind. Dass man die Eigenart dieses Phänomens und, vor allem, seine Ursachen gar nicht versteht.

Wir isolierten Rhesusaffen

Im Laufe der in diesem Memorandum vorgeführten Argumentation hat sich herausgestellt, dass das scheinbar höchst irrationale Bedrohungsgefühl sehr wohl einen echten, rationalen Kern besitzt, jedoch ganz anders, als gedacht. Umgekehrt erweisen sich gerade die rationalen Argumente derjenigen, die die Dynamik des Geburtenrückgangs als normal und ‚logisch' darstellen wollen, als falsch und ohne Einsicht.

Die Suche nach den Wurzeln des Geburtenrückgangs hat zur Ausarbeitung eines ebenso klaren wie – zunächst – ungewöhnlichen Zusammenhangs geführt: Der Abschied vom Kind ist das Resultat eines tiefen und hochproblematischen Eingriffs in unsere Sozialisation. Die Veränderung unserer frühen Entwicklung, insbesondere durch Isolationserfahrungen, führt zu gravierenden Verhaltenskonflikten, durch die selbst etwas so Basales wie unser Nachkommenswunsch quasi ‚ausgeschaltet' oder unterdrückt wird. Man kann von einer ‚deprivativen Unfruchtbarkeit' oder auch ‚deprivativen Nachkommensstörung' sprechen. Als These formuliert: Es gibt einen kausalen Zusammenhang zwischen einer isolierenden Sozialisationspraxis und einer negativen Geburtenentwicklung.

Dieser Zusammenhang mag zunächst befremdlich erscheinen – aber nur für diejenigen, die nicht wissen, wie wir Menschen konstruiert sind, wie unsere Persönlichkeit entsteht, wie sich unsere Emotionen und kognitiven Fähigkeiten entwickeln. Alles, was wir als erwachsener Mensch sind, alles, was wir fühlen und verstehen können, wird, so die zentrale Erkenntnis moderner Entwicklungsforschung, in den ersten Lebensmonaten angelegt. Umgekehrt hat ein negativer Eingriff in unsere Entwicklung dramatische Folgen. Er kann eine Kaskade an Entwicklungsstörungen auslösen, die u.a. den Zugang zu unserem basalen Nachkommenswunsch versperren, ihn unterdrücken können – weil wir vordringlich damit beschäftigt sind, mit den Folgen dieser Störung zurecht zu kommen.

Die wichtigsten Etappen der zu der oben genannten These führenden Argumentationskette seien noch einmal zusammengefasst: Die Isolationsexperimente von Harry Harlow sind, so hat sich herausgestellt, dass entscheidende Modell für das Verständnis des Geburtenrückgangs. Durch bloße Isolation – und einer sonst guten Behandlung – von Rhesusäffchen in den ersten sechs Monaten nach ihrer Geburt erreichte es Harlow erstaunlicherweise (und unabsichtlich), dass die sonst physisch völlig gesunden Tiere später keinen Nachwuchs mehr bekamen. Die Tiere waren durch die Isolation, so hat sich gezeigt, langfristig derartig verstört und ‚durcheinander‘, dass sie mit dem Verhalten normaler Tiere nicht mehr ‚kompatibel‘ waren, selbst wenn die isolierende Erfahrung schon lange zurücklag. Ihr Nachkommenstrieb blieb durch die elementaren Verhaltensstörungen, die ihnen in ihren ersten Monaten aufgezwungen worden waren, quasi ausgeschaltet und unterdrückt. Sie waren, sonst bei bester physischer Gesundheit, nicht mehr fähig, Nachkommen zu bekommen, und wenn, dann behandelten sie ihn schlecht.

Genau dies, so wird nun beansprucht, passiert auch bei uns. Wir reagieren, in Bezug auf unseren Nachkommenswunsch, genauso, wie die Rhesusaffen von Harry Harlow. Unser Geburtenrückgang ist, kurz und knapp gesagt, das Ergebnis einer ähnlichen Erfahrung wie der isolierten Rhesusaffen. Wir sind, so unschön dieser Gedanke ist, in dieser Hinsicht genauso wie die isolierten Rhesusaffen.

Die dann vorgestellten Forschungen der Entwicklungs- Verhaltens- und Gehirnforschung erlaubten zu erkennen, dass wir Menschen auf frühe und extreme Isolationserfahrungen im Prinzip tatsächlich genauso reagieren wie die Rhesusäffchen im Experiment. Aber die Forschungen zeigen noch viel mehr: Sie machen die tieferen Gründe für die beobachteten Verhaltensänderungen à la Kaspar Hauser verständlich. Die Isolations- und Deprivationserfahrungen führen auf der physischen Ebene der Gehirn-, Nerven- und Hormonentwicklung zu problematischen Veränderungen, als Spiegel der fehlenden Erfahrungen. Die physischen Veränderungen, angefangen von den deutlich erkennbaren Gehirnveränderungen, sind wiederum die Basis für die schweren, oft lebenslang bleibenden Schädigungen der Betroffenen.

Bei den Forschungen zeigte sich noch etwas anderes: Unser erwachsenes Verständnis von ‚Isolation‘ unterscheidet sich fundamental vom Erfahrungshorizont eines Babys. Ein Säugling fühlt sich von genau dem Moment an bedroht und isoliert, an dem der unmittelbare körperliche oder zumindest sprachliche Kontakt zu seinen Betreuern abreißt. Es kann die Sicherheit eines Hauses oder die ‚stille‘ Anwesenheit von Personen nicht beurteilen. Es benötigt unmittelbaren Kontakt. Eine Isolationserfahrung beginnt also da, wo der ‚direkte Draht‘ abbricht – ein entscheidender Punkt zur kritischen Beurteilung unserer heutigen

Sozialisationspraxis. Noch einmal: Die Beunruhigung der Säuglinge beginnt bereits nachweislich, so haben bahnbrechende Forschungen u.a. gezeigt, im Rahmen einer halbstündigen Entfernung der Betreuungsperson und obwohl sie im gleichen Raum verbleibt wie das Baby.

Der zentrale Schritt hin zu der in diesem Memorandum aufgestellten Hypothese war es, die bislang unverbundenen Befunde des Geburtenrückgangs, einerseits, mit den Erkenntnissen über die höchst problematischen Folgen von frühen Isolationserfahrungen, andererseits, zu verknüpfen. Das Bindeglied war die Vermutung, dass eine einschneidende, gravierende Änderung unserer heute üblichen Sozialisationspraxis nachweisbar sein muss, dass viele der modernen Kinder also – entgegen allen äußeren Anschein – problematischen Isolationserfahrungen unterliegen. Wobei, wie erläutert, die speziellen Ansprüche von Kleinkindern an Kontakt und ihr spezielles Verständnis von ‚Isolation‘ zu Grunde gelegt werden müssen.

Eine derartige prognostizierte Veränderung wurde dann tatsächlich in der Beobachtung einer dramatischen Wende von der viele Millionen Jahre alten Praxis des getragenen Kindes hin zur modernen Praxis des liegenden, distanzierten Kindes festgemacht. Diese Wende nahm vermutlich ihren Anfang vor rund 5.000 Jahre in der alten ‚Hochkulturen‘ des Vorderen Orients und Ägyptens. Die historische Veränderung unserer Sozialisationspraxis wurde in ihrer Entwicklung skizziert und in einen Zusammenhang mit zunächst sporadisch auftretenden Geburtenrückgängen in der Antike, und dann, ab 1600, mit dem sich systematisch entwickelnden, geschlossenen Phänomenen des neuzeitlichen Geburtenrückgangs gebracht.

Unsere moderne Sozialisationspraxis mit ihrer Präferenz von körperlicher Distanz und – durchaus euphemistisch – Autonomie im Umgang mit Säuglingen und Kleinkindern, aber auch den vielfältigen anderen Bedingungen sozialer Isolierung im Rahmen von Kleinfamilien und der ‚elektronischen Kindermädchen‘, muss aus der jetzt erarbeiteten Sichtweise als hochproblematisch erscheinen. Zwar sind unsere modernen Säuglinge natürlich nicht einer Totalisolation ausgesetzt wie die Affen bei Harlow oder wie die Babys in den oben angesprochenen Extrembeispielen aus Heimen und Krankenhäusern in verschiedenen westlichen Ländern in der ersten Hälfte des 20. Jahrhunderts. Gleichwohl legen die Ergebnisse der Entwicklungsforschung in überzeugender Weise nahe, dass die weitgehende Beseitigung einer konkreten physischen Nähe durch das heute übliche Liegen oder Ablegen aus der Sicht der Babys als Isolation wahrgenommen wird und, wenn auch gemildert im Vergleich zur Totalisolation, zu ähnlichen Folgen führt: nämlich zu Stress, Dauerbeunruhigung und den daraus entspringenden Entwicklungsstörungen sowie sich verstärkenden Dominoeffekten auf physischer und psychischer Ebene. Und somit aller Voraussicht auch zu einem tragischen, weil unfreiwilligen ‚Ausschalten‘ des basalen Nachkommenswunsches.

Insoweit ist es diese unbeachtet gebliebene historische Neuerfindung unserer modernen Sozialisationspraxis, die als entscheidende Ursache für den Geburtenrückgang zu gelten hat.

Eine grundlegende Gefährdung unseres Lebens

Je mehr man sich diesem Kern der Dinge annäherte, desto mehr haben sich denn auch die gewaltigen Dimensionen des Geburtenrückgangs gezeigt: Es geht gar nicht mehr ‚nur‘ um die Ursache des verminderten Kinderwunsches. Es geht vielmehr um die Erkenntnis, dass wir einer beispiellosen Veränderung unserer Persönlichkeit auf der Spur sind, mit Folgen, die weit über eine bloße Minderung, Überdeckung oder Löschung unseres Nachwuchswunsches hinausgehen.

Das tödliche Erschrecken, das durch die Änderung der Sozialisationspraxis in die Welt trat, und dass sich im Laufe immer neuer Generationen in einem selbstverstärkenden Prozess steigern sollte, führt bei den Betroffenen zu einer ebenso neuartigen wie einzigartigen Persönlichkeitsentwicklung. Die Problematik einer ungenügenden Erfüllung elementarer Sozialisationsansprüche ist dabei nicht nur im Moment der Erfahrung von großer innerer Dramatik und Tragik, sondern sie verankert, in vielfältigster Abstufung, je nach dem genauen Verlauf und dem Ausmaß des ‚Entzugs‘ einer normalen Entwicklung, je nach Ausmaß der Deprivation, eine langfristige, das Individuum über Jahrzehnte oder das ganze Leben begleitende Mangelerfahrung, mit vielfältigen, sich gegenseitig verstärkenden Folgewirkungen. Dieses sich selbst problematisch gewordene Individuum wird diese Erfahrung wiederum an seine Mitmenschen und seine Nachkommen, so es sie hat, weitergeben.

Dies, so meine ich, ist der entscheidende Kern des ‚dumpfen' Gefühls der Bedrohung, der Angst, die die Beobachtung des Geburtenrückgangs mit sich bringt. Nicht der Rückgang der Kinderzahl ist die entscheidende Sorge, sondern die Individuen fühlen, dass eine derartige Dämpfung des Kinderwunsches auf eine grundsätzlichere Problematik verweist, eine Problematik, die sie in existentieller Weise selbst betrifft. Dass dem Abschied vom Kind ein entsetzlicher Anschlag auf ihre eigene Freiheit ist und eine empfindliche Einschränkung ihrer eigenen Gestaltungsmöglichkeiten mit sich bringt.

Deshalb, so ist denn auch zu vermuten, ist uns das Gefühl der Bedrohung, die der Abschied vom Kind auslöst, auch kaum mit rationalen, vernünftigen Argumenten ‚auszureden' – denn es basiert tatsächlich auf einem höchst dramatischen Befund, auf einer tragischen, bedrohlichen Erfahrung. Umgekehrt sind all die vernünftigen Argumente, mit denen man uns überreden will, den Geburtenrückgang als unbedenklich und ‚normal' zu akzeptieren, letztlich falsch – weil sie die tieferen Gründe dieses Phänomens übersehen. Ihre Protagonisten wollen uns letztlich einreden, in scheinbar rationale Worte gekleidet, dass wir den inneren Terror, der unseren Entwicklungsweg prägt, der auf eine Nichterfüllung zentraler Sozialisationsbedingungen hinausläuft, der einen normalen Umgang mit unserem Nachkommenswunsch überdeckt, akzeptieren sollen. Das aber, also den eigenen Untergang, kann man kaum ernsthaft verlangen wollen. Dies wäre doch ungefähr so, als würde man vom Opfer einer Gewalttat fordern, diesen Vorgang, dieses Leiden, als ‚normal' anzuerkennen – und den Täter auch noch bitten, weiterzumachen.

Gegenmaßnahmen

Demgegenüber kann die Forderung nach Maßnahmen gegen den Geburtenrückgang in völlig neuer Weise begründet werden: Sie sind notwendig, weil der Geburtenrückgang jetzt als Ergebnis eines tiefen, wenn auch ungewollten Eingriffs in basale Grundlagen unseres Lebens erkannt worden ist. Es geht eben nicht in erster Linie um ein ‚mehr an Kindern', um die wahlweise Rettung von Gesellschaft oder Identität, sondern schlicht um einfach um die Beseitigung eines dramatischen Betreuungsfehlers, der die Bedeutung von Isolation und Distanz für unsere Entwicklung, für die Konstruktion unserer Gesellschaft, übersieht und uns vor gewaltige individuelle Probleme stellt.

Diese zukünftigen Maßnahmen, welche die erzwungene ‚deprivative Unfruchtbarkeit‘ beenden sollen, müssen vom Prinzip einer Neugestaltung der Betreuungspraxis ausgehen, auf der Basis jener zentralen Sozialisationsansprüche, wie sie im Rahmen der Gehirn- und Entwicklungsforschung in großartiger Weise zugänglich gemacht worden sind. Dabei hat sich insbesondere gezeigt, dass die Diskussion bestimmter personaler Betreuungsmodelle – die notwendige Betreuung nur durch die Mutter, die Eltern oder die Institutionen – in die falsche Richtung führt. Vielmehr sind die basalen (nicht-physischen) Sozialisationsansprüche nicht an bestimmte Personen gekoppelt, wenn auch die biologische Mutter deutlich favorisiert wird, sondern an die Erfüllung von Ansprüchen wie Sicherheit, Nähe und ein Angebot von Lernmöglichkeiten im Zustand der Geborgenheit.

Die zentrale Richtschnur all jener Länder und Gesellschaften, die Maßnahmen gegen den Geburtenrückgang ergreifen möchten, muss es also sein, die in der modernen Sozialisationspraxis so deutlich vernachlässigten Bedingungen von konkreter Nähe zu berücksichtigen und sie wieder in unser modernes Leben einzubauen. Es ist absehbar ein langer Prozess, eine klassische Generationsaufgabe. Aber sie wird es nach und nach erlauben, für eine wünschenswerte Stabilität zu sorgen – nicht nur in Bezug auf die demographische Entwicklung, sondern darüber hinaus in vielen, nahezu allen anderen Bereichen der Gesellschaft.

An der Wiege des Abendlandes

An dieser Stelle könnte man abbrechen. Aber das würde uns einer ganz entscheidenden und durchaus ironischen Pointe berauben: Es ist nämlich keineswegs möglich, den modernen, belastenden Sozialisationsprozess in ‚Grund und Boden‘ zu verdammen, wie man angesichts der so höchst problematischen Konsequenzen für die Betroffenen glauben könnte.

Am Horizont ist vielmehr absehbar, dass die Wende vom getragenen zum liegenden bzw. vom geborgenen zum isolierten Kind zugleich die Geburtsstunde des Zivilisationsprozesses der letzten Jahrtausende gewesen sein muss. Ab dem Moment, wo sich im Zweistromland Menschen dafür entschieden ihre Kinder nach der Geburt in die Hände professioneller Dienstleister, von Hebammen, zu legen, wie sie in der Person der babylonischen Hebamme Zamema vor 4.200 Jahren erstmals fassbar wird, ab diesem Augenblick, wo sich erstmals, in ersten, feinen Nuancierungen, der kalte Hauch der Isolation über die Säuglinge zu legen begann, setzte auch – und in keineswegs zufälliger Weise – jene gewaltige Dynamik von Kultur, Geschichte und Technologie ein, jene Dynamik vom „Mythos zum Logos" (Nestle 1975), die uns ungeahnt neuen Möglichkeiten zuführen sollte.

Jenseits der häufig großen individuellen Leidenserfahrung entsteht nämlich noch etwas anderes: Über die neue, unvollständige und problematische Sozialisationspraxis werden gewaltige Energien wachgerufen. Ein enormes inneres ‚Feuer' wird entfacht, eine Leidenschaft, dass uns immer weiter und weiter antreibt – und die aller Voraussicht nach der entscheidende Grundstein des zivilisatorischen Prozesses wurde, der uns zu dem gemacht hat, was wir heute sind. Dieses ‚Feuer' entstand (und entsteht) aus dem uns allseits gut bekannten Gefühl der Moderne, dass ‚etwas' fehlt, dem weit verbreiteten Gefühl, auf der ‚Suche' sein zu müssen, eine ‚Mission' zu haben, der wir uns mit aller Kraft, zu der wir fähig sind, hingeben wollen.

Die Ursachen für dieses spezielle Gefühl sind vermutlich jener gewaltigen Mangelerfahrung, die die Erfahrung der Isolation mit sich bringt. Sie erzeugt das Bedürfnis nach der Widerherstellung eines verschwundenen Paradieses, dass wir mit aller Macht wiederfinden wollen. Weil wir die Erfahrung jener verlorenen Nähe und Beziehung suchen, weil wir unsere problematische Entwicklung ‚reparieren' wollen, koste es, was es nur wolle – und sei es das Leben selbst. Ohne diese Erfahrung, so glauben wir zu wissen, sind wir in unserer Existenz, in all unseren menschlichen Möglichkeiten, bedroht. Und nur nebenbei: Es kann aus dieser Sicht natürlich kein Zufall sein, dass die biblischen Ideen des ‚verlorenen Paradieses' und des ‚Baumes der Erkenntnis' genau zum Zeitpunkt des epochemachenden Bruchs mit dem getragenen Kind im Vorderen Orient vor vier- oder fünftausend Jahren entstanden.

Mit Hilfe der scheinbar so unauffälligen Methode der liegenden Sozialisationspraxis ist es also – unbeabsichtigt? – gelungen, ein gewaltiges Energiepotential ‚anzuzapfen', eine Quelle größter Inspiration – denn das verlorene Bedürfnis der Sicherheit und Geborgenheit zu stillen, ist uns so bitterlich notwendig, dass wir alles, aber auch alles in Bewegung setzen, um auch nur einen ‚Krumen' davon zu erhaschen. Jene freiwerdenden Energien aber, so wird hier vorausgesagt, haben uns erst zu all jenen technischen und kulturellen

Meisterleistungen befähigt, die uns, die Menschheit, in den letzten Jahrtausenden vorangebracht haben – vorangebracht im Sinne unserer technischen und kulturellen Fähigkeiten. Die Sozialisationspraxis der Isolation war es, die uns den entschei-denden Schub gegeben hat, damit wir gegen alle Widrigkeiten, gegen alle Wahrscheinlichkeit, jene sagenhaften Kräfte wecken konnten, die uns heute so sehr beflügeln, die unserer Welt eine derartige Dynamik gegeben haben.

Die Floskel von der ‚Wiege des Abendlandes‘ hat damit noch einen zweiten, tieferen Sinn: Es waren die Techniken der unvollständigen Sozialisation, und zu ihnen zählt eben auch die Erfindung der Wiege, die den Grundstein für die Entwicklung jenes Abendlandes legte, das in den letzten Jahrhunderten der Vorreiter der technisch-kulturellen Entwicklung war, die Speerspitze jenes sich immer schneller drehenden Rades des „Fortschritts‘, der die Welt scheinbar unaufhörlich anzutreiben scheint – und ‚im Untergrund‘ tatsächlich von einer immer radikaleren Sozialisierungspraxis der Deprivation verursacht wurde. Die Sozialisationspraxis der Isolation ist die ‚Wiege des Abendlandes‘, ist der eigentliche, tiefste Motor der Moderne.

Diese Reflexionen führen, entgegen der ersten Erkenntnis höchster Dramatik und großen Leidens, zu einer letztlich überraschend zwiespältigen Einschätzung. War das enorme Leiden der Individuen der Preis, den wir für diese Form der Entwicklung und des Fortschritts zu zahlen hatten? Es scheint so zu sein. Und damit ist auch die sich zunächst aufdrängende Beurteilung der isolierenden, deprivierenden Sozialisationspraxis als ausschließlich schädlich, als ‚schlecht‘, nicht mehr so eindeutig und klar, wie es zunächst den Anschein hat. Sie ist zugleich der entscheidende Motor der Dynamik und jener Veränderung, die für uns ein selbstverständlicher Teil unserer modernen Welt geworden ist. Voraussetzung für alles das, was wir als zentrale Errungenschaften betrachten: Demokratie, Menschenrechte, Technik, medizinischer Fortschritt, Bildung.

Hier bedarf es einer gewaltigen gesellschaftspolitischen Diskussion wie genau wir die in diesem Memorandum ausgearbeiteten Einsicht in die beispiellosen Folgen, aber eben auch Möglichkeiten der jeweils angewendeten Sozialisationspraxis genau nutzen wollen. Wie wir uns zumindest einen Teil jener uns so sehr befeuernden Kräfte, jenen ‚Stachel der Erkenntnissuche‘, der in die Welt getreten ist, erhalten können – ohne aber jenes gewaltige, individuelle Leiden zu erzeugen, dass in den letzten Jahrtausenden der Ausgangspunkt, die tiefste Ursache, für unendlich viele Brüche geworden ist.

Wo man die Grenze auch ziehen wird: Die gewaltige Dramatik des individuellen Leidens, die gravierenden Folgen der deprivativen Sozialisationspraxis und des unterdrückten Nachwuchswunsches für das Individuum und die Gesellschaft drängen in jedem Fall und unweigerlich auf eine sofortige Neukonzeption oder doch Neujustierung der Sozialisation. Es gilt, so denn die Zusammenhänge nun richtig erkannt sind, die zukünftigen Generationen vor den enormen Qualen der heutigen Betreuungspraxis zu ersparen. Uns selbst von jenen fundamentalen Unfreiheiten erlösen – und dazu gehört auch das unfreiwillige ‚Abschalten‘ des Nachkommenswunsches – die wir in unseren Kindern, über Generationen hinweg, erzeugen. Und damit zugleich die diesem Bann einer problematischen Sozialisation unterliegenden Gesellschaften allmählich zu stabilisieren, die gewaltige, immer schnellere Dynamik der Neuerung zu mildern und in sanftere Bahnen zu bringen. Vor allen Dingen aber die gewaltigen Energien, die uns so sehr befeuern, dass wir über das Ziel hinausschießen und uns und unsere Erde letztlich bedrohen, zurückzufahren. Den jetzt erreichten, im Grunde ungeheuerlichen Stand unserer Möglichkeiten zu ‚halten‘ und für eine positive Entwicklung zu nutzen.

Auf dass wir das schreckliche Zeitalter der Isolation hinter uns lassen.

Literaturverzeichnis

Akerma, Karim 2017: Antinatalismus: Ein Handbuch. Berlin: Epubli.

Aubry, Bernard, Christiane Bergouignan, Nicola Cauchi-Duval und Alain Parant 1996: L'évolution de la population. In: R. Souriac (Hg.), *Histoire*, 49-76.

Badinter, Elisabeth 1985² [1980]: Die Mutterliebe. Geschichte eines Gefühls vom 17. Jahrhundert bis heute. München: Piper.

Bensel, Joachim 2008: Der Einfluss westlicher Betreuungspraktiken und Geburtsumstände auf den Verhaltenszustand von Säuglingen – Ergebnisse der Freiburger Säuglingsstudie. In: Karl Heinz Brisch und Theodor Hellbrügge (Hg.), *Der Säugling – Bindung, Neurobiologie und Gene. Grundlagen für Prävention, Beratung und Therapie*. Stuttgart: Klett-Cotta, 88-103.

Böhm, Rainer 2013: Neurobiologische Aspekte der Kleinkindbetreuung. In: Frank Dammasch und Martin Teising (Hg.): *Das modernisierte Kind*. Brandes: Frankfurt, 115-128.

Brinck, Christine (Die Zeit Nr. 51, 27.12.2012): Die Folgen der Isolation.

Bronfenbrenner, Urie 1974: The origins of alienation. *Scientific American* 231 (2), 53-61.

Caldwell, John 2004: Fertility control in the classical world: Was there an ancient fertility transition? *Journal of Population Research* 21 (1), 1-17.

Chugani, Harry, Michael Behen, Otto Muzik, Csaba Juhász, Ferenc Nagy, Diane Chugani 2001: Local brain functional activity following early deprivation: a study of post-institutionalized Romanian orphans. *NeuroImage* 14, 1290-1301.

Coale, Ansley 1986: The decline of fertility in Europe since the eighteenth century as a chapter in human demographic history. In: A. Coale und S. Watkins, *The decline*, 1-30.

Coale, Ansley und Susan Watkins (Hg.) 1986: The decline of fertility in Europe. Princeton: Princeton University Press.

Codex Hammurabi 2011 (Translated by L. Kind; Paolo Pereira). Online: <http://www.general-intelligence.com/library/hr.pdf>.

Cummins, Neil 2009: Marital fertility and wealth in transition era France, 1750-1850. *PSE working papers* 2009-16. (Paris School of Economics). Online: <halshs-00566843>.

Dittgen, Alfred 1996: L'évolution de la population de la France de 1800 à 1945. In: R. Souriac (Hg.), *Histoire,* 5-48.

Donath, Orna 2015: Regretting motherhood. A sociopolitical analysis. Journal of woman in culture and society 40 (2), 343-367.

Doran, Timothy 2011: Demographic Fluctuation and Institutional Response in Sparta. Dissertation, University of California, Berkeley. Online: <http://escholarship.org/uc/item/3pk467b6>.

Federici, Ronald 2003[2]: Help for the hopeless child: A Guide for families. Alexandria (Virgina): Author.

Fildes, Valerie 1988: A history of wet nursing from earliest times to the present: Oxford: Blackwell.

Gerhardt, Sue 2006: Why love matters: How affection shapes a baby's brain. *Infant observation: International Journal of infant observation and its applications* 9 (3), 305-09.

– o.d. (2012?): Why love matters. How affection shapes a Baby's brain. Online: <http://www.amblesideschools.com/sites/default/files/Chapter3-Why-Love-Matters-How-Affection-Shapes-a-Babys-Brain-by-Sue-Gerhardt.pdf>.

Grossmann, Klaus und Karin Grossmann 2015[5]: Bindung und menschliche Entwicklung. John Bowlby, Mary Ainsworth und die Grundlagen der Bindungsforschung. Stuttgart: Klett-Cotta.

Gruber, Mayer 1989: Breast-feeding practices in biblical Israel and in old Babylonia Mesopotamia. *Journal of the Ancient Near Eastern Society*, 61-83.

Gunnar, Megan 1992: Reactivity of the Hypothalamic-Pituitary-Adrenocortical system to stressors in normal infants and children. *Pediatrics* 90 (3), 491-491.

Gunnar, Megan, Mary Larson, Louise Hertsgaard, Michael Harris und Laurie Brodersen 1992: The stressfulness of separation among nine-month old infants: Effects of social context variables and infant temperament. *Child Development* 63 (2), 290-303.

Gunnar, Megan, Sara Morison, Kim Chisholm und Michelle Schuder 2001: Salivary cortisol levels in children adopted from Romanian orphanages. *Development and Psychopathology* 13, 611-628.

Gunnar, Megan und Karina Quevedo 2007: The neurobiology of stress and development. *Annual Review of Psychology* 58, 145-173.

Harlow, Harry 1959: Love in infant monkeys. *Scientific American* 200, 68-74.

Harlow, Harry und Margaret Harlow 1962: Social deprivation in monkeys. *Scientific American* 207, 5, 136-150.

Haworth, Abigail (The Observer, 20.10.2013): Why have young people in Japan stopped having sex? Online: <http://www.theguardian.com/world/2013/oct/20/ young-people-japan-stopped-having-sex>.

Hendry, Joy 1986: Becoming Japanese. The world of the pre-school child. Honolulu: University of Hawaii Press.

Hufnagl, Anne 2016: Lasst mich in Ruhe mit den Kindern, die ich nicht haben will. Edition F [11.03.2016]. Online: <https://editionf.com/Lasst-mich-in-Ruhe-mit-den-Kindern-die-ich-nicht-habe>.

Immelmann, Klaus, Klaus Scherer, Christian Vogel und Peter Schmoock (Hg.) 1988: Psychobiologie. Grundlagen des Verhaltens. Stuttgart: Fischer.

Jolivet, Muriel 1993: Un pays en mal d'enfants. Crise de la maternité au Japon. Paris: La Découverte.

Kaufmann, Joan und Dennis Charney 2001: Effects of early stress on brain structure and function: Implications for understanding the relationship between child maltreatment and depression. *Development and psychopathology* 13, 451-471.

Keel, Othmar 2004: Frühbronzezeit. In: Othmar Keel und Silvia Schroer: *Eva – Mutter alles Lebendigen. Frauen- und Göttinnenidole aus dem Alten Orient.* Vetter: Thun.

Keller, Heidi 2007: Cultures of infancy. Mahwah, NU: Erlbaum.

– 2011: Die Kulturen des Säuglingsalters. In: Heidi Keller (Hg.), Handbuch, 154-176.

Kneitz, Peter 2009: *Homo Socialis* in Schwierigkeiten. Befund und kulturtheoretische Perspektiven. *Anthropos* 104, 131-159.

Krebs, Uwe 2001: Erziehung in traditionalen Kulturen. Quellen und Befunde aus Afrika, Amerika, Asien und Australien (1898-1983). Berlin: Reimer.

Jones, Larry und Michele Tertilt 2006: An economic history of fertility in the U.S. 1826-1960. *Working-Paper* 12796 (Nber working paper series). Cambridge, MA National Bureau auf Demographic Research.

Levine, Peter 2011: Sprache ohne Worte. Wie unser Körper Trauma verarbeitet und uns wieder in die innere Balance zurückführt. München: Kösel.

Lill, Felix und Motockney Nuquee (Die Zeit, 13.06.2014): Jugend ohne Sex. Online: <http://www.zeit.de/2014/24/japan-jugend-sex>.

Livi-Bacci, Massimo 1986: Social-group forerunners of fertility control in Europe. In: A. Coale and S. Watkings (Hg.), *The decline*, 182-200.

Marshall, Eliot 2014: An experiment in zero parenting. *Science* 345 (15. August 2014) Nr. 6198, 752-754.

Nestle, Wilhelm 1975: Vom Mythos zum Logos. Die Selbstentfaltung des griechischen Denkens von Homer bis auf die Sophistik und Sokrates. Suttgart: Kröner.

Meston, Cindy und Penny Frohlich 2000: The neurobiology of sexual function. Archives of general psychiatry 57, 1012-1030.

Neuse, Christian 2009: Die Auswirkungen der Unterschiede in den frühen Bindungen zwischen den Germanen und den Römern. *Int. J. Prenatal and Perinatal Psychology and Medicine* 21 (1/2), 145-151.

Retherford, Robert und Naohiro Ogawa 2005: Japan's baby bust. Causes, implications, and policy responses. (East-West Center Working Papers, Population and Health Series Nr. 118). Honolulu: East-West Center.

Rieländer, Maximilian 1978: Deprivation in der frühkindlichen Heimerziehung. Resümee aus der Diplomarbeit. (Universität Darmstadt). Online: < http://www.psychologische-praxis.rielaender.de/literatur/deprivation_heimerziehung.pdf>.

Roth, Gerhard und Nicole Strüber 2014: Wie das Gehirn die Seele macht. Stuttgart: Klett.

Souriac, René (Hg.) 1996: Histoire de France 1750-1995, Bd. 2: Société, Culture. Toulouse: Presse Universitaire du Mirail.

Sapolsky R. 2004^3: Why zebras don't get ulcers. Holt.

Spitz, René 1976: Vom Säugling zum Kleinkind. Naturgeschichte der Mutter-Kind-Beziehungen im 1. Lebensjahr. Stuttgart: Klett.

Spiegelonline.de (28.03.2018). Babyboom in Deutschland. Online: <http://www.spiegel.de/gesundheit/schwangerschaft/geburtenrate-in-deutschland-steigt-hoechste-geburtenziffer-seit-1973-a-1200246.html>.

Tagesschau.de (23.02.2018). Mehr junge Menschen psychisch erkrankt. Online: <http://www.tagesschau.de/inland/jugend-psyche-101.html>.

United Nations, Department of Economic and Social Affairs 2013: World fertility report: 2012. New York: United Nations Publication.

Van der Horst, Frank und René van der Veer 2008: Loneliness in infancy: Harry Harlow, John Bowlby and issues of separation. *Integrative psychological and behavioral science* 42, 325-335.

Wilson, Samantha 2003: Post-institutionalization: The effects of early deprivation on development of Romanian adoptees. *Child and Adolescent Social Work Journal* 20 (6), 473-483.

Zeitonline (zeit.de, 12.12.2014): Familienplanung. „39, kinderlos und sehr glücklich" [Leserkommentare]. Online: <http://www.zeit.de/community/2014-12/kinderlos-reaktionen-umfeld>.

Zglinicki, Friedrich von 1979: Die Wiege. Volkskundlich-kulturgeschichtlich-kunstwissenschaftlich-medizinhistorisch. Regensburg: Pustet.